文言史记
精读精讲

张海霞 ○ 主编

北京理工大学出版社
BEIJING INSTITUTE OF TECHNOLOGY PRESS

版权专有　侵权必究

图书在版编目（CIP）数据

文言史记精读精讲 / 张海霞主编. -- 北京：北京理工大学出版社，2024.7.
ISBN 978-7-5763-4336-6

Ⅰ. G634.303

中国国家版本馆 CIP 数据核字第 20246CP843 号

责任编辑：李慧智　　**文案编辑**：李慧智
责任校对：王雅静　　**责任印制**：边心超

出版发行	/ 北京理工大学出版社有限责任公司
社　　址	/ 北京市丰台区四合庄路 6 号
邮　　编	/ 100070
电　　话	/（010）68944451（大众售后服务热线）
	（010）68912824（大众售后服务热线）
网　　址	/ http://www.bitpress.com.cn
版 印 次	/ 2024 年 7 月第 1 版第 1 次印刷
印　　刷	/ 河北燕山印务有限公司
开　　本	/ 787 mm × 1092 mm　1/16
印　　张	/ 17.75
字　　数	/ 417 千字
定　　价	/ 79.80 元

图书出现印装质量问题，请拨打售后服务热线，负责调换

中小学生为什么要精读文言文史记

《史记》是西汉史学家司马迁撰写的纪传体史书，是中国历史上第一部纪传体通史，作品中记载了上至上古传说中的黄帝时代，下至汉武帝太初四年间共三千多年的历史。太初元年（前104年），司马迁开始了该书创作，前后经历了十四年，才得以完成。

《史记》被列为"二十四史"之首，对后世史学和文学的发展都产生了深远影响，其首创的纪传体编史方法为后来历代"正史"所传承。《史记》还被认为是一部优秀的文学著作，在中国文学史上有重要地位，被鲁迅誉为"史家之绝唱，无韵之《离骚》"。

《史记》的主要价值如下：

1. **具有重要的历史价值** 《史记》是中国古代最早的一部纪传体通史，记录了丰富的历史事件、人物和文化传统。通过精读，我们可以更深入地了解古代社会、政治、文化等方面的发展。

2. **具有很高的文学价值** 《史记》以其雄奇的笔墨、生动的描写和丰富的人物形象成为文学经典。精读《史记》可以欣赏其中的文学之美，体味作者司马迁的才华。

3. **有助于语言学习**　《史记》是公认的古代文言文的典范之作，后世的文学著作和史学著作中，基本传承了《史记》的文法和语法，通过精读《史记》，我们可以扩大文言词汇量，提高古文的阅读理解能力。

4. **有助于启迪思想**　《史记》中蕴含着丰富的思想和智慧，精读可以让我们从中汲取人生哲理、领悟历史规律。

本书的选文从三皇五帝时代开始，到楚汉争霸结束，详细描写了从华夏始祖黄帝到汉高祖刘邦时期，我国历史上出现的知名的帝王故事，描绘了一部波澜壮阔的华夏民族变迁史。

本书以原版文言为核心，并辅以精讲精析，相比市面大多数只有简单的文白对照的史记类书籍，本书的内容更为丰富，不仅对《史记》原文进行了精析精讲，更是关联了中小学课文，对其他文言文中出现的类似字词和句子进行扩展讲解，是中小学生学习文言文不可多得的优秀书籍。

目录

黄帝篇

| 第一课 | 轩辕黄帝 …………………… 002 | 第二课 | 战炎帝擒蚩尤 ……………… 007 |
| 第三课 | 黄帝开拓疆土 ……………… 012 | 第四课 | 黄帝封禅 …………………… 016 |

尧舜篇

| 第五课 | 帝尧寻找继位者 …………… 022 | 第六课 | 舜被推举 …………………… 027 |
| 第七课 | 以孝闻名的舜 ……………… 034 | | |

夏禹篇

| 第八课 | 治水无功的鲧 ……………… 042 | 第九课 | 大禹治水 …………………… 048 |
| 第十课 | 舜禹禅让 …………………… 055 | 第十一课 | 夏启即位 ………………… 062 |

商周篇

| 第十二课 | 网开一面 ………………… 070 | 第十三课 | 商汤灭夏 ………………… 077 |
| 第十四课 | 文王被囚 ………………… 087 | 第十五课 | 武王伐纣 ………………… 094 |

秦始皇篇

第十六课	年少即位 ………………… 104	第十七课	收回权力 ………………… 111
第十八课	金钱连横 ………………… 119	第十九课	统一大业 ………………… 126
第二十课	皇帝称号 ………………… 134	第二十一课	统治之策 ……………… 142
第二十二课	巡游立碑 ……………… 149	第二十三课	愤怒的皇帝 …………… 159
第二十四课	胡亥夺位 ……………… 168		

楚汉篇

第二十五课	少年志气 ……………… 176	第二十六课	八千精兵起江东 ……… 181
第二十七课	巨鹿之战 ……………… 188	第二十八课	项羽之怒 ……………… 194
第二十九课	项伯夜访 ……………… 200	第三十课	沛公会项伯 …………… 207
第三十一课	项庄舞剑 ……………… 213	第三十二课	樊哙救急 ……………… 220
第三十三课	沛公脱逃 ……………… 227	第三十四课	离间计 ………………… 235
第三十五课	四面楚歌 ……………… 240	第三十六课	乌江自刎 ……………… 245

答案解析 ………………………………………………………………………………………… 253

黄帝篇

第一课

轩辕黄帝

课前介绍

在中华远古神话故事中，由盘古开天地、伏羲女娲造人为伊始，人类开始在华夏大地上生存繁衍，面临艰苦的自然条件和凶险的生存环境，我们的先祖茹毛饮血，居无定所，病无可医。于是燧人氏发明钻木取火，让人们可以吃上烤熟的食物，可以点火取暖；伏羲氏教化人们捕鱼打猎，种植驯养，让人们开始过上定居的生活；神农氏亲自品尝百草，寻找可以治病救人的草药。为了纪念他们的功绩，后世尊称燧人氏、伏羲氏、神农氏为"三皇"，他们所处的时代被称为"三皇时代"。

精读精讲

1. 原文

黄帝者，少典之子，姓公孙，名曰轩辕，生而神灵(líng)，弱而能言，幼而徇(xùn)齐，长而敦(dūn)敏，成而聪明。

轩辕之时，神农氏世衰(shuāi)。诸侯侵伐(fá)，暴虐(nüè)百姓，而神农氏弗(fú)能征。于是轩辕乃习用干戈(gē)，以征不享，诸侯咸来宾从。而蚩尤(chī yóu)最为暴，莫(mò)能伐。炎帝欲侵陵诸侯，诸侯咸归轩辕。

2. 实词

(1) 子：后代。

(2) 曰：叫作。

(3) 神灵：聪慧，有灵性。

(4) 弱：出生不久。

(5) 徇齐：疾速，引申为敏慧。徇，迅速，敏捷。

(6) 敦：诚实，厚道。

(7) 敏：勤奋。

(8) 聪：听得清。

(9) 明：看得清。

(10) 世：后代。

(11) 衰：衰落。

(12) 侵：侵略。

(13) 伐：征伐。

(14) 干：盾牌。
(15) 戈：兵器名。
(16) 享：朝贡。
(17) 宾：像宾客一样（名词用作状语）。
(18) 从：归从。

(19) 莫：代词，没有人。
(20) 欲：想要。
(21) 侵陵："陵"通"凌"，侵犯欺凌。
(22) 归：归顺，归从。

3. 虚词

(1) 者：助词，判断句的标志，不译。
(2) 之：的。
(3) 而：①（生而神灵）表顺承，相当于"就"。
②（而神农氏弗能征）表转折，然而。

(4) 弗：不。
(5) 于是：因此。
(6) 乃：就。
(7) 以：来，表示目的。
(8) 咸：都。

4. 句式及语法积累

……者，……	判断句句式，例如：黄帝者，少典之子
名词活用为状语	属于词类活用的一种，表示动作行为的状态，例如："诸侯咸来宾从"的"宾"

5. 古代文化常识积累

诸侯	古代分封制中各方君主的统称，从西周开始出现，上古时期指的是当时的部落。诸侯的义务包括：服从王室政令，向王室朝贡、述职，服役和出兵勤王等
朝贡	朝贡，又称进贡，是一方将财富以某种形式给予另一方，以表示顺从或结盟。地方向中央，实力弱、地位低的小国或藩属国向宗主国献上礼物，目的是表示臣服于统治者，寻求庇佑，这些礼物称为贡品

6. 原文翻译

黄帝是少典的儿子，姓公孙，名为轩辕。出生时有神的灵性，出生不久就能说话，幼年时敏慧，长大后忠厚机敏，成年后聪慧英明。

黄帝篇

  轩辕的时候，神农氏的后代已经衰败，各诸侯互相攻战，百姓深受残害，而神农氏没有力量征讨他们。于是轩辕就练兵习武，去征讨那些不来朝贡的诸侯，各诸侯这才都来归从。而蚩尤在各诸侯中最为凶暴，没有人能去征讨他。炎帝想侵犯和欺凌其他的诸侯，诸侯都来归从轩辕。

课堂笔记

1. 原文

  黄帝者，少典之子，姓公孙，名曰轩辕，生而神灵，弱而能言，幼而徇（xùn）齐，长而敦（zhāng）敏，成而聪明。

  轩辕之时，神农氏世衰（shuāi）。诸侯侵伐（fá），暴虐（nüè）百姓，而神农氏弗（fú）能征。于是轩辕乃习用干戈（gē），以征不享，诸侯咸来宾从。而蚩尤（chī yóu）最为暴，莫（mò）能伐。炎帝欲侵陵诸侯，诸侯咸归轩辕。

2. 笔记

笔记区	
◆ 黄帝者，少典之子，姓公孙，名曰轩辕，	
者：	
之：	
子：	
曰：	
◆ 生而神灵，弱而能言，幼而徇齐，长而敦敏，成而聪明。	
而：	
神灵：	
弱：	
徇齐：	
敦：	

续表

敏：

聪：

明：

◆ 轩辕之时，神农氏世衰。诸侯侵伐，暴虐百姓，而神农氏弗能征。

世：

衰：

侵：

伐：

弗：

◆ 于是轩辕乃习用干戈，以征不享，诸侯咸来宾从。

于是：

乃：

干：

戈：

享：

咸：

宾：

从：

◆ 而蚩尤最为暴，莫能伐。

莫：

◆ 炎帝欲侵陵诸侯，诸侯咸归轩辕。

欲：

黄帝篇

续表

笔记区	侵陵：
	归：

课后练习

1 "生而神灵，弱而能言，幼而徇齐，长而敦敏，成而聪明"，传递了黄帝怎样的形象？

　　A．小时候天资聪慧，长大后德行修养好

　　B．从小到大，健康茁壮地成长

2 "神农氏世衰"的表现是：

　　A．轩辕乃习用干戈

　　B．诸侯相侵伐，暴虐百姓，而神农氏弗能征

3 黄帝要统一华夏大地，面对的最大敌人是：

　　A．炎帝和蚩尤

　　B．其他诸侯部落

第二课

战炎帝擒蚩尤

课前介绍

"三皇时代"后期，神农氏后代的统治力开始衰弱，各部落间征战不休。加之上古时期，人们的生存环境非常恶劣，民不聊生。于是轩辕黄帝顺势而起，训练军队，征讨诸侯，安抚百姓，想要结束战乱不止的状况，给老百姓一个和平稳定的生存发展环境。周围诸多小部落最终折服于黄帝的武力和品德，都选择归顺黄帝部落。最终只剩两个强大的部落还没有选择归顺黄帝，只有战胜这两大强敌，黄帝才能统一华夏，开启中华文明的辉煌篇章。

精读精讲

1. 原文

轩辕乃**修**德**振**兵，**治**五气，**蓺**（yì）五种，抚**万**民，**度**四方，**教**熊罴貔貅（xióng pí pí xiū）貙（chū）虎，**以**与炎帝战于坂（bǎn）泉之野。**三**战，然后**得**其**志**。

蚩（chī）尤**作乱**，不**用**帝命。于是黄帝乃**征**师诸侯，与蚩尤战于涿（zhuō）鹿之野，**遂禽**（suì qín）杀蚩尤。**而**诸侯**咸**尊轩辕为天子，代神农氏，**是**为黄帝。天下有不**顺**者，黄帝**从而**征之，平者**去**之。**披**山通道，未**尝**宁居。

2. 实词

(1) 修：修行。

(2) 振：整治，整顿。

(3) 治：从事，研究。

(4) 五气：五行之气。

(5) 蓺：通"艺"，种植。

(6) 万：虚指，代表民众数量多。

(7) 度：丈量，计算。

(8) 教：教化，训练。

(9) 三：虚指，表示经过多次战争。

(10) 得：取得，实现。

(11) 志：志向，目的。

(12) 作乱：发动叛乱、暴乱。

(13) 用：听从。

(14) 征：征讨。

(15) 师：军队。

(16) 禽：通"擒"，捉拿、擒获。

(17) 是：这，作代词用。

(18) 顺：顺从，归顺。

(19) 从：去的意思。

(20) 去：离开。

(21) 披：劈开，裂开。

(22) 尝：曾经。

3. 虚词

	"而"的用法	
用法	例句	释义
并列：和、与	察言而观色 ——《论语》	留意观察别人的话语和神情，多指揣摩别人的心意
转折：却、但是	青取之于蓝而青于蓝 ——《劝学》	比喻学生超过老师或后人胜过前人
因果：因为……所以……	溪深而鱼肥 ——《醉翁亭记》	溪水深因而鱼儿肥美
假设：如果	人而无信，不知其可也 ——《论语》	一个人如果不讲信用，真不知道他是否可以（做成事）
递进：并且、而且	君子博学而日参省乎己 ——《劝学》	君子广泛地学习，并且经常把学到的东西拿来检查自己的言行
顺承：就、才	而诸侯咸尊轩辕为天子	这样，诸侯都尊奉轩辕做天子
连接	黄帝从而征之	黄帝就前去征讨

(1) 以：①凭借。
　　　②来，表示目的。

(2) 遂：于是、就。

(3) 咸：都。

4. 句式及语法积累

宾语的省略	文言文中省略动词和介词后的宾语是比较普遍的，省略的宾语往往是前面出现过的，避免重复，可用"之"补上。例如：教熊罴貔貅䝙虎，以（之）与炎帝战于阪泉之野

5. 古代文化常识积累

五气	即五行之气，对应不同季节：木——春；火——夏；土——长夏，农历六月到八月；金——秋；水——冬
五种	五种就是五谷，指的是：黍（shǔ）——黄米；稷（jì）——小米；稻——大米；麦——麦子；菽（shū）——豆类总称
图腾	图腾是古代原始部落信仰某种自然物或有血缘关系的亲属、祖先、保护神等，而用来做本氏族的象征。源于他们对大自然的崇拜。是人类历史上最早的一种文化现象。比如中国人的图腾一般为龙

6. 原文翻译

于是轩辕修行德业，整顿军旅，研究四时节气变化，种植五谷，安抚民众，丈量四方的土地，训练熊、罴、貔、貅、䝙、虎等猛兽，跟炎帝在阪泉的郊野交战，先后打了几仗，才征服炎帝，如愿得胜。蚩尤发动叛乱，不听从黄帝之命。于是黄帝征调诸侯的军队，在涿鹿郊野与蚩尤作战，终于擒获并杀死了他。这样，诸侯都尊奉轩辕做天子，取代了神农氏，这就是黄帝。天下有不归顺的，黄帝就前去征讨，平定一个地方之后就离去，一路上劈山开道，从来没有在哪儿安宁地居住过。

课堂笔记

1. 原文

轩辕乃**修**德**振**兵，**治**五气，**蓺**五种，**抚**万民，**度**四方，**教**熊罴貔貅（xióng pí pí xiū）䝙虎（chū hǔ），**以**与炎帝战于阪（bǎn）泉之野。**三**战，然后**得**其志。

蚩（chī）尤**作乱**，不**用**帝命。于是黄帝乃**征师**诸侯，与蚩尤战于涿（zhuō）鹿之野，**遂禽**（suì qín）杀蚩尤。而诸侯**咸**尊轩辕为天子，代神农氏，**是**为黄帝。天下有不**顺**者，黄帝**从而征**之，平者**去**之。**披**山通道，未**尝**宁居。

2. 笔记

◆ 轩辕乃**修**德**振**兵，**治**五气，**蓺**五种，抚**万**民，**度**四方，

笔记区	修：	
	振：	
	治：	
	五气：	
	蓺：	
	万：	
	度：	
	◆ 教熊、罴、貔、貅、䝙、虎，以与炎帝战于阪泉之野。	
	教：	
	以：	
	◆ 三战，然后得其志。	
	三：	
	得：	
	志：	
	◆ 蚩尤作乱，不用帝命。	
	作乱：	
	用：	
	◆ 于是黄帝乃征师诸侯，与蚩尤战于涿鹿之野，遂禽杀蚩尤。	
	征师：	
	遂：	
	禽：	
	◆ 而诸侯咸尊轩辕为天子，代神农氏，是为黄帝。	

续表

	咸：
笔记区	是：
	◆ 天下有不**顺**者，黄帝**从**而**征**之，平者**去**之。**披**山通道，未**尝**宁居。
	顺：
	从：
	征：
	去：
	披：
	尝：

课后练习

1 在征讨炎帝和蚩尤之前，轩辕黄帝做了什么？

　　A．什么也没有做

　　B．从军队、粮草、民心、侦察、盟友等方面进行了充分的战前准备

2 黄帝和蚩尤之间的战役叫什么？

　　A．阪泉之战

　　B．涿鹿之战

3 黄帝当上部落联盟首领之后，做了什么？

　　A．开拓疆土，平定四方，几乎没有停歇

　　B．居住在国都，休养生息

第三课

黄帝开拓疆土

课前介绍

轩辕黄帝通过阪泉之战和涿鹿之战，分别打败了炎帝和蚩尤这两大对手之后，饱经战乱的华夏大地终于看到了统一的希望，人们期盼国家统一、天下共主的盛世出现，而轩辕黄帝的功绩和品德也让他成为天子的不二人选。成为天子的轩辕黄帝，没有停下脚步，他外驱强敌，内平叛乱，不断地向四周开拓疆土，确立了后世华夏大地的基本版图。

精读精讲

1. 原文

东至于海，登丸山，及岱(dài)宗。西至于空桐，登鸡头。南至于江，登熊、湘。北逐荤(xūn)粥(yù)，合符釜(fǔ)山，而邑(yì)于涿(zhuō)鹿之阿(ē)。迁徙(qiān xǐ)往来无常处，以师兵为营卫。官名皆以云命，为云师。置左右大监(jiàn)，监(jiān)于万国。

2. 实词

(1) 东：往东，向东，名词作状语。

(2) 至：到。

(3) 及：至，到。

(4) 西：往西，向西，名词作状语。

(5) 江：古文中一般指长江。

(6) 邑：都城；居民聚居的地方。

(7) 阿：山湾；大的丘陵。

(8) 迁徙：搬家，更改。

(9) 常：恒久的、长久不变的。

(10) 营卫：设置军营以自卫。

(11) 命：命名。

(12) 监：①名词，官名，如太监。②动词，监察。

3. 虚词

(1) 以：凭借。

(2) 皆：都。

4. 句式及语法积累

词类活用——名词活用为状语		
用法	例句	释义
表状态：像……一样	（狼）犬坐于前 ——（清）蒲松龄《狼》	（狼）像狗一样坐在前面
表工具/方式：用……	黔无驴，有好事者船载以入 ——《黔之驴》	黔这个地方本来没有驴，有一个多事的人用船运一头驴来这个地方
表频率：每	岁赋其二 ——《捕蛇者说》	每年征收这种蛇两次
表方位：向/到/往	西至于空桐	往西到过崆峒山
表对人的态度： 像对待……一样	齐将田忌善而客待之 ——《史记·孙子吴起列传》	齐国将军田忌赏识孙膑并像对待客人一样礼待他
表处所：在/从	沛公已去，间至军中 ——《鸿门宴》	刘邦离去后，从小路回到军营里
表时间：在……的时候	朝而往，暮而归，四时之景不同，而乐亦无穷也 ——《醉翁亭记》	清晨时前往，黄昏时归来，四季的风光不同，乐趣也是无穷无尽的

5. 古代文化常识积累

三山五岳	三山指的是安徽黄山、江西庐山、浙江雁荡山；五岳指的是东岳泰山、西岳华山、南岳衡山、中岳嵩山、北岳恒山
岱宗	这是泰山的别称。又名岱山、岱岳、东岳、泰岳，为五岳之长。被古人视为"直通帝座"的天堂，成为百姓崇拜、帝王告祭的神山。自秦始皇开始到清代，先后有13代帝王亲登泰山封禅或祭祀
符	符是用作凭证的信物，多以竹、木、兽皮、玉、骨等为材料，制成后一分为二，供持有者双方相互印证，例如调兵用的虎符
阿房宫	阿房宫，被誉为"天下第一宫"，始建于秦始皇三十五年（前212年），与万里长城、秦始皇陵、秦直道并称为"秦始皇的四大工程"。它们是中国首次统一的标志性建筑

黄帝篇

6. 原文翻译

　　黄帝往东到过东海，登上了丸山和泰山。往西到过崆峒山，登上了鸡头山。往南到过长江，登上了熊山、湘山。往北驱逐了荤粥部族，来到釜山与诸侯合验了符契（qì），就在涿鹿的一个山脚下建起了都邑。黄帝四处迁徙，没有固定的住处，带兵走到哪里，就在哪里设置军营以自卫。黄帝所封官职都用云来命名，军队号称云师。他设置了左右大监，由他们督察各诸侯国。

课堂笔记

1. 原文

　　东**至**于海，登丸山，**及**岱（dài）宗。**西**至于空桐，登鸡头。南至于**江**，登熊、湘。北逐荤粥（xūn yù），合符（fǔ）釜山，而**邑**于涿（zhuō）鹿之**阿**（ē）。**迁徙**（qiān xǐ）往来无**常**处，**以**师兵为**营卫**。官名**皆**以云**命**，为云师。置左右大**监**（jiàn），**监**（jiān）于万国。

2. 笔记

笔记	
	◆ 东**至**于海，登丸山，**及**岱宗。
	东：
	至：
	及：
	◆ **西**至于空桐，登鸡头。
	西：
	◆ 南至于**江**，登熊、湘。
	江：
	◆ 北逐荤粥，合符釜山，而**邑**于涿鹿之**阿**。
	邑：
	阿：

续表

- ◆ **迁徙**往来无**常**处，**以**师兵为**营卫**。

  迁徙：

  常：

  以：

  营卫：

- ◆ 官名**皆**以云**命**，为云师。

  皆：

  命：

- ◆ 置左右大**监**，**监**于万国。

  监：

课后练习

❶ "三山五岳"中的三山指的是哪三座山？

　A. 安徽黄山、江西庐山、浙江雁荡山

　B. 泰山、华山和衡山

❷ 上古时期，华夏大地大多数地方都是人口稀少，道路崎岖，交通不便，远行非常困难。在那么艰苦的环境下，轩辕黄帝为什么还要在东南西北四个方向去那么远的地方？

　A. 为华夏部落开拓更多的疆土，让炎黄子孙有更多的生存空间

　B. 为了彰显自己的功绩，让后世的人们记住他的丰功伟绩

❸ 轩辕黄帝除了开拓疆土之外，还做了什么？

　A. 确立了天子天下共主的神圣地位，初步建立了巡访、检察等管理机制

　B. 什么也没有做

第四课

黄帝封禅

课前介绍

轩辕黄帝被尊称为天子后，一方面，他在东西南北四个方向，不断开拓着华夏民族的疆域；另一方面，他在国家治理、文化教育、衣食住行、音乐、军事等领域鼓励发明和创新，建立统一标准，取得重大的文明成果。当国泰民安之后，轩辕黄帝决定于泰山封禅（shàn），封禅是中国古代帝王在太平盛世时祭祀天地的典礼，一般由帝王亲自到泰山上举行。

精读精讲

1. 原文

万国**和**，**而**鬼神、山川、**封禅与**为多**焉**。获宝**鼎**，迎日**推策**。**举**风后、力牧、常先、大鸿**以**治民。**顺**天地之**纪**，**幽明**之**占**，死生之说，存亡之**难**。**时**播百谷草木，**淳化**鸟兽虫蛾，**旁罗**日月星辰，水波土石金玉，**劳勤**心力耳目，**节用**水火材物。有**土德**之**瑞**，**故**号黄帝。

2. 实词

（1）和：和谐安定。

（2）封禅：古代帝王祭祀天地的典礼。

（3）鼎：原为炊器，后为政权的象征。

（4）推策：以蓍草或竹筹推算历法。

（5）举：推举，任用。

（6）顺：顺应，顺从。

（7）纪：法则，规律。

（8）幽明：指阴阳。

（9）占：运数，变化。

（10）难：论说、争辩。

（11）时：按季节。

（12）淳化：使……质朴，驯化。

（13）旁罗：遍布。这里指广泛地观察和利用。

（14）劳勤：勤劳，使动用法，使……勤劳。

（15）节用：按时节利用；有节制地使用。

（16）土德：五德之一。

（17）瑞：吉祥的征兆。

3. 虚词

（1）而：表因果关系，因此。

（2）与：或许，可能。

（3）焉：句末语气词，无实际意义。

（4）以：表目的，来。

（5）故：因此，所以。

4. 句式及语法积累

使动用法	指谓语动词具有"使……"的意思，即此时谓语动词表示的动作不是主语发出的，而是由宾语发出的。例如："劳勤心力耳目"中的"劳勤"为"使……勤劳"

5. 古代文化常识积累

封禅	在泰山顶上筑圆坛以报天之功，即祭天，被称为"封"；在泰山脚下的小丘之上筑方坛以报地之功，即祭地，被称为"禅"。封禅的前提是国泰民安或者天降祥瑞，帝王封禅的目的是"答厚德，告成功"，得到上天认可（君权神授）、百姓认可。封禅大典多在五岳中的泰山上举行，因为古人认为泰山独尊，离天最近，可直接与天帝对话，并且泰山是东岳，东方主生，是万物起始、阴阳交替的地方
傩（nuó）戏	又称鬼戏，是汉族最古老的一种祭神跳鬼、驱瘟避疫、表示安庆的娱神舞蹈。以面具为其艺术造型的重要手段，内容多与宗教鬼神有关。多地傩戏被列为中国非物质文化遗产
五德	古代阴阳家把金、木、水、火、土五行看成五德，认为历代王朝各代表一德，按照五行相克或相生的顺序，交互更替，周而复始。例如：黄帝对应土，夏朝对应木，商朝对应金，周朝对应水，秦朝对应火。而五德对应五色：土对黄、水对青、金对白、水对黑、火对红

黄帝篇

6. 原文翻译

这时，万国安定，因此，自古以来，祭祀鬼神山川的要数黄帝时最多。黄帝获得上天赐给的宝鼎，于是观测太阳的运行，预知未来的节气历数。他任用风后、力牧、常先、大鸿等治理民众。黄帝顺应天地四时的规律，推测阴阳的变化，讲解生死的道理，论述存与亡的原因，按照季节播种百谷草木，驯养鸟兽蚕虫，广泛地观察日月星辰，利用水波土石金玉，使身心耳目饱受辛劳，有节度地使用水、火、木材及各种财物。他做天子有土这种属性的祥瑞征兆，土色黄，所以号称黄帝。

课堂笔记

1. 原文

万国**和**，**而**鬼神、山川、**封禅与**为多**焉**（yān）。获宝**鼎**（dǐng），迎日**推策**。**举**风后、力牧（mù）、常先、大鸿**以**治民。**顺**天地之**纪**，**幽明**（yōu）**之占**（zhān），死生之说，存亡之**难**（nàn）。**时**播百谷草木，**淳化**（chún）鸟兽虫蛾，**旁罗**日月星辰，水波土石金玉，**劳勤**心力耳目，**节用**水火材物。有**土德**之**瑞**（ruì），**故**号黄帝。

2. 笔记

笔记区	
	◆ 万国**和**，**而**鬼神、山川、**封禅与**为多**焉**。
	和：
	而：
	封禅：
	与：
	焉：
	◆ 获宝**鼎**，迎日**推策**。
	鼎：
	推策：

续表

- ◆ **举**风后、力牧、常先、大鸿**以**治民。

  举：

  以：

- ◆ **顺**天地之**纪**，**幽明**之**占**，死生之说，存亡之**难**。

  顺：

  纪：

  幽明：

  占：

  难：

- ◆ **时**播百谷草木，**淳化**鸟兽虫蛾，

  时：

  淳化：

- ◆ **旁罗**日月星辰，水波土石金玉，

  旁罗：

- ◆ **劳勤**心力耳目，**节用**水火材物。

  劳勤：

  节用：

- ◆ 有**土德**之**瑞**，**故**号黄帝。

  土德：

  瑞：

  故：

课后练习

❶ 轩辕黄帝泰山封禅的前提是什么？

　　A. 万国和，天下安康

　　B. 不需要任何前提

❷ 我们应该学习黄帝的什么精神？

　　A. 少时聪明，长大孔武有力

　　B. 功在百姓，功在国家，功在文明教化

尧舜篇

第五课

帝尧寻找继位者

课前介绍

轩辕黄帝很长寿，他去世之后，他的孙子颛顼（zhuān xū）继承了帝位，颛顼创制九州，因此古代中国又被称为九州。颛顼死后，帝喾（kù）继位，帝喾即黄帝的曾孙，他前承炎黄，后启尧舜，奠定华夏根基。帝喾去世之后，他的两个儿子帝挚、帝尧先后即位。其中帝尧的功绩尤为后人称道，他确定了一年有三百六十六天，区分了春分、夏至、秋分、冬至四个时节。更重要的是，帝尧在去世之前，推举才德兼备的舜为帝，开创了禅（shàn）让制的先河。之后舜又把帝位传给大禹，后世人们尊称尧舜禹为上古先王，他们的故事成为中华上下五千年的治国哲学。本节课我们就学习帝尧寻找继承者的故事。

精读精讲

1. 原文

尧曰："谁可**顺**此事？"放齐曰："**嗣子**丹朱**开明**。"尧曰："吁！**顽凶**，不用。"尧又曰："谁可者？"讙兜（huān dōu）曰："共工**旁聚布功**，可用。"尧曰："共工**善**言，其**用僻**（pì），似恭**漫天**，不可。"尧又曰："**嗟**（jiē），四岳，**汤汤**（shāng）洪水**滔**（tāo）**天**，浩浩**怀**山**襄陵**（xiāng líng），**下民其忧**，有能**使**治者？"**皆**曰鲧（gǔn）可。尧曰："鲧**负**（fù）**命毁族**，不可。"岳曰："**异哉**，试不可用而**已**。"尧于是听岳用鲧。九**岁**，功用不成。

2. 实词

（1）顺：顺序，继承。

（2）嗣子：嫡长子。嗣，后代，继承。

（3）开明：通达聪明。

（4）顽凶：愚顽凶恶。

（5）旁聚：广泛聚集民众。

（6）布：布施，施行，分予。

（7）功：功绩，成绩。

（8）善：善于，擅长。

(9) 用僻：用心邪僻。

(10) 漫天：形容不着边际。

(11) 汤汤：指水势浩大、水流很急的样子。

(12) 滔天：弥漫天际，这里形容水势极大。

(13) 怀：包围。

(14) 襄陵：（大水）漫上丘陵。襄，上升至高处。

(15) 下民：百姓。

(16) 使：派，差遣。

(17) 负命：不服从命令。

(18) 毁族：败坏同族。

(19) 异：举，任用。

(20) 已：停止，这里指罢免。

(21) 岁：年，一年为一岁。

3. 虚词

(1) 吁：叹词，表示怀疑和不满。

(2) 嗟：叹词。

(3) 其：助词，无实际意义。

(4) 皆：都。

(5) 哉：语气词，相当于"吧"。

4. 古代文化常识积累

号	谥（shì）号是指人死之后，后人按其生平事迹进行评定后给予或褒或贬评价的文字，古代历史上的皇帝、皇后以及诸侯大臣等社会地位相对较高的人物，在其去世之后朝廷会依据其生前所作所为，给出一个具有评价意义的称号，这就是通常意义的谥号。谥号用来高度概括一个历史人物的生平
拟"父死子继，兄终弟及"的王位继承制	"父死子继"意思就是父亲死后，儿子继承统治权，"兄终弟及"意思是王位由哥哥传给弟弟继承，"拟"是"比拟"，也就是"类似于"。虽然五帝时代是"公天下"的时代，继承制度并不是完全以血统为依据，也没有所谓的嫡长子继承制度，但是当时的王位传承多数还是以血缘关系为纽带的。例如：黄帝禅位给了少昊；少昊据说是黄帝的长子，他后来禅位给自己的侄子高阳，也就是颛顼
嫡长子	嫡长子是嫡妻（正妻）所生的长子。在古代宗法制度中嫡长子继承制是最基本的一项原则，即王位和财产必须由嫡长子继承

5. 原文翻译

尧说："谁可以继承我的事业？"放齐说："你的儿子丹朱通达事理。"尧说："哼！丹朱嘛，他这个人愚顽，凶恶，不能用。"尧又问道："那么还有谁可以？"讙兜说："共工广泛地聚集民众，做出了业绩，可以用。"尧说；"共工好讲漂亮话，用心不正，貌似恭敬，欺骗上天，不能用。"尧又问："唉，四岳啊，如今洪水滔天，浩浩荡荡，包围了高山，漫上了丘陵，民众万分愁苦，谁可以派去治理呢？"大家都说鲧可以。尧说："鲧违背天命，毁败同族，不能用。"四岳都说："就任用他吧，试试不行，再把他撤掉。"尧因此听从了四岳的建议，任用了鲧。鲧治水九年，也没有取得成效。

课堂笔记

1. 原文

尧曰："谁可**顺**此事？"放齐曰："**嗣子**(sì)丹朱**开明**。"尧曰："**吁**(xū)！**顽凶**(wán)，不用。"尧又曰："谁可者？"讙兜(huān dōu)曰："共工**旁聚布功**，可用。"尧曰："共工**善**言，其**用僻**(pì)，似恭**漫天**，不可。"尧又曰："**嗟**(jiē)，四岳，**汤汤**(shāng)洪水**滔天**(tāo)，浩浩**怀**山**襄陵**(xiāng líng)，**下民其**忧，有能**使**治者？"**皆**曰鲧(gǔn)可。尧曰："鲧**负命毁族**(fù)，不可。"岳曰："**异哉**，试不可用而**已**。"尧于是听岳用鲧。九**岁**，功用不成。

2. 笔记

笔记区	◆ 尧曰："谁可**顺**此事？"放齐曰："**嗣子**丹朱**开明**。"
	顺：
	嗣子：
	开明：
	◆ 尧曰："**吁**！**顽凶**，不用。"
	吁：
	顽凶：

续表

- 尧又曰："谁可者？"讙兜曰："共工旁聚布功，可用。"

旁聚：

布功：

- 尧曰："共工善言，其用僻，似恭漫天，不可。"

善：

用僻：

漫天：

- 尧又曰："嗟，四岳，汤汤洪水滔天，浩浩怀山襄陵，下民其忧，有能使治者？"

嗟：

汤汤：

滔天：

怀：

襄陵：

下民：

其：

使：

- 皆曰鲧可。尧曰："鲧负命毁族，不可。"

皆：

负命：

毁族：

- 岳曰："异哉，试不可用而已。"

续表

笔记区	异：
	哉：
	已：
	◆ 尧于是听岳用鲧。九**岁**，功用不成。
	岁：

课后练习

1 帝尧为什么事情苦恼？

    A. 他一心为公，造福天下，晚年却找不到可以继承自己事业的人

    B. 他为自己儿子丹朱的顽劣而苦恼

2 通过本课的学习，我们了解到帝尧是怎样一个人？

    A. 大公无私，有识人之明，用人之道

    B. 他明知鲧不能用，却仍任命其负责治水，昏庸无能

第六课

舜被推举

课前介绍

　　帝尧治理天下万民，任用贤能，使海内政治清明，但晚年却被继承人问题所困扰，他对大臣们推荐的继承人，包括自己的亲儿子，都不太满意。于是帝尧决定扩大选人范围，不论亲疏远近，不拘一格筛选人才，大家都推荐出身庶人的舜。帝尧听从了建议，决定给舜设置一些测试，舜究竟能不能通过考验，继承帝位呢？

精读精讲

1. 原文

　　尧曰："嗟！四岳：朕在位七十载（zǎi），汝能庸命，践朕位？"岳应（yìng）曰："鄙（bǐ）德忝（tiǎn）帝位。"尧曰："悉举贵戚及疏远隐匿（nì）者。"众皆言于尧曰："有矜（guān）在民间，曰虞舜。"尧曰："然，朕闻之。其何如？"岳曰："盲者子。父顽，母嚚（yín），弟傲，能和以孝，烝烝（zhēng）治，不至奸。"尧曰："吾其试哉。"于是尧妻之二女，观其德于二女。舜饬（chì）下二女于妫汭（guī ruì），如妇礼。尧善之，乃使舜慎（shèn）和五典，五典能从。乃遍入百官，百官时序。宾于四门，四门穆穆（mù），诸侯远方宾客皆敬。尧使舜入山林川泽，暴风雷雨，舜行不迷。尧以为圣，召（zhào）舜曰："女谋事至而言可绩，三年矣。女（rǔ）登帝位。"

2. 实词

（1）朕：我，本为第一人称代词，自秦始皇起为帝王的自称。

（2）载：年，岁。

（3）汝：你。

（4）庸命：指顺应天命。

（5）践：特指皇帝登临皇位。

（6）鄙：粗俗，鄙陋。

（7）忝：辱，有愧于，常用作谦辞。

（8）贵戚：帝王的本姓亲族。

（9）疏远：指不亲近的人。

（10）隐匿：隐藏，这里指隐居的人。

（11）矜：通"鳏"，无妻或失去妻子的

成年男子。

(12) 然：对，是。

(13) 闻：听说。

(14) 顽：愚钝、愚顽。

(15) 嚚：愚蠢而顽固，常用来形容人奸诈、狡猾。

(16) 傲：傲慢，凶狠。

(17) 能和以孝：能和睦相处，尽孝悌(tì)之道。

(18) 烝烝：形容孝德厚美的样子。

(19) 奸：奸邪，指干邪恶的事。

(20) 吾：我，我的。

(21) 妻：名词作动词，把女儿嫁给……做妻子。

(22) 饬：训教，告诫。

(23) 如：遵从，依照。

(24) 善：意动用法，以之为善，认为……是好的。

(25) 慎和：谨慎地制定并实施。

(26) 入：参加，加入。

(27) 宾：名词作动词，接引客人，用宾客的礼节相待。

(28) 四门：指明堂四方的门。

(29) 穆穆：端庄恭敬。

(30) 川泽：河川和湖沼，泛指江河湖泊。

(31) 迷：迷失，辨认不清。

(32) 圣：聪明，才智胜人。

(33) 女：通"汝"，你。

(34) 至：周到，周密。

(35) 绩：实行。

3. 虚词

(1) 悉：尽，全。

(2) 其：①（其何如）第三人称代词，相当于"他"。
②（吾其试哉）助词，无实际意义。

(3) 何如：倒装，如何，怎么样，用于询问。

(4) 哉：语气词，相当于"吧"。

(5) 时：因此。

部分常见语气词

语气词	例句	释义
也	帝喾高辛者，黄帝之曾孙也	帝喾高辛，是黄帝的曾孙
焉	而鬼神山川封禅与为多焉	祭祀鬼神山川的要数黄帝时最多
矣	前人之述备矣 ——《岳阳楼记》	前人的记述很详尽了
耳	此亡秦之续耳 ——《鸿门宴》	这是将已亡的秦朝的作为延续罢了

续表

语气词	例句	释义
乎	学而时习之，不亦说乎 ——《论语十二章》	学习并且不断温习，不也很愉快吗
哉	吾其试哉	那我就试试他吧
嗟	嗟！四岳	唉！各位首领

4. 句式，语法及写作手法积累

疑问句中代词宾语前置	文言文中用疑问代词"谁""何""奚""安"等做宾语时往往放在动词的前面。例如："其何如？"里的"何如"就是"何"前置倒装，正常语序是"如何"
形容词的意动用法	即形容词放在了谓语的位置，是主观上认为后面的宾语所代表的人或事物具有这个形容词所代表的性质或状态，一般译为"认为……怎么样"。如："尧善之"中"善"为意动用法，以之为善，认为……是好的
衬托	指为了突出主要事物，用其他事物做陪衬的表现手法，分为正衬和反衬。正衬——类似事物做陪衬；反衬——相反或有差异的事物做陪衬

5. 古代文化常识积累

谦辞	表示谦虚或谦恭的言辞，如"过奖""不敢当"等，一般对己。如：鄙人（谦称自己）；鄙薄（谦称自己的浅陋微薄）；愚见（称自己的见解）；薄礼（不丰厚的礼物，多用于谦称自己送的礼物）
敬辞	敬辞是指含恭敬口吻的用语，一般对人。如：令尊（称对方的父亲）；令堂（称对方的母亲）；拜读（指阅读对方的文章）；贵姓（问人姓）
五典	重要的道德规范，即父义，母慈，兄友，弟恭，子孝——做父亲的应该仁义，做母亲的应该慈爱，做兄长的应该友善，做弟弟的应该恭敬，做孩子的应该孝顺

尧舜篇

6. 原文翻译

尧说:"唉!各位首领,我在位已经七十年了,你们谁能顺应天命,接替我的帝位?"四岳回答说;"我们的德行鄙陋得很,不敢玷污帝位。"尧说:"那就从所有同姓异姓远近大臣及隐居者当中推举吧。"大家都对尧说:"有一个单身汉流寓在民间,叫虞舜。"尧说:"对,我听说过。他这个人怎么样?"四岳回答说;"他是个盲人的儿子。他的父亲愚昧,母亲顽固,弟弟傲慢,而舜却能与他们和睦相处,尽孝悌之道,把家治理好,使他们不至于走向邪恶。"尧说:"那我就试试他吧。"于是尧把两个女儿嫁给他,从两个女儿身上观察他的德行。舜让她们降下尊贵之心住到妫河边的家中去,遵守为妇之道。尧认为这样做很好,就让舜试任司徒之职,谨慎地理顺父义、母慈、兄友、弟恭、子孝这五种伦理道德,人民都遵从不违。尧又让他参与百官的事,百官的事因此变得有条不紊。让他在明堂四门接待宾客,四门处处和睦,从远方来的诸侯宾客都恭恭敬敬。尧又派舜进入山野丛林大川草泽,遇上暴风雷雨,舜也没有迷路误事。尧更认为他十分聪明,很有道德,把他叫来说道:"三年来,你做事周密,说了的话就能做到。现在你就登临天子位吧。"

课堂笔记

1. 原文

尧曰:"嗟!四岳:朕在位七十载(zǎi),汝能庸命(rǔ yōng),践朕位(yìng)?"岳应曰:"鄙德忝(bǐ tiǎn)帝位。"尧曰:"悉举贵戚(qī)及疏远隐匿(nì)者。"众皆言于尧曰:"有鳏(guān)在民间,曰虞舜。"尧曰:"然,朕闻之。其何如?"岳曰:"盲者子。父顽(yín),母嚚,弟傲,能和以孝,烝烝(zhēng)治,不至奸。"尧曰:"吾其试哉。"于是尧妻之二女,观其德于二女。舜饬(chì)下二女于妫汭(guī ruì),如妇礼。尧善之,乃使舜慎(shèn)和五典,五典能从。乃遍入百官,百官时序。宾于四门,四门穆穆(mù),诸侯远方宾客皆敬。尧使舜入山林川泽,暴风雷雨,舜行不迷。尧以为圣,召(zhào)舜曰:"女(rǔ)谋事至而言可绩,三年矣。女登帝位。"

2. 笔记

笔记区	◆ 尧曰:"嗟!四岳:朕在位七十载,汝能庸命,践朕位?"
	朕:

续表

| 载: |
| 汝: |
| 庸命: |
| 践: |

◆ 岳应曰:"鄙德忝帝位。"尧曰:"悉举贵戚及疏远隐匿者。"

| 鄙: |
| 忝: |
| 悉: |
| 贵戚: |
| 疏远: |
| 隐匿: |

◆ 众皆言于尧曰:"有矜在民间,曰虞舜。"尧曰:"然,朕闻之。其何如?"

| 矜: |
| 然: |
| 闻: |
| 其何如: |

◆ 岳曰:"盲者子。父顽,母嚚,弟傲,能和以孝,烝烝治,不至奸。"

| 顽: |
| 嚚: |
| 傲: |
| 能和以孝: |

续表

	烝烝：
	奸：
◆ 尧曰："吾其试哉。"	
	吾：
	其：
	哉：
◆ 于是尧妻之二女，观其德于二女。舜饬下二女于妫汭，如妇礼。	
	妻：
	饬：
	如：
◆ 尧善之，乃使舜慎和五典，五典能从。	
	善：
	慎和：
◆ 乃遍入百官，百官时序。宾于四门，四门穆穆，诸侯远方宾客皆敬。	
	入：
	时：
	宾：
	四门：
	穆穆：
◆ 尧使舜入山林川泽，暴风雷雨，舜行不迷。	
	川泽：
	迷：

续表

- ◆ 尧以为**圣**，召舜曰："**女**谋事**至**而言可**绩**，三年矣。女登帝位。"

圣：

女：

至：

绩：

课后练习

❶ 寻找继承人未果，帝尧决定：

    A. 从大臣四岳中选择合适之人

    B. 扩大选人的范围，继续寻找

❷ 舜被推荐的原因是：

    A. 他德行美好，素有孝名

    B. 他出身高贵，声名远扬

❸ 帝尧为考验舜，总共设置了几道测试？

    A. 三年时间，舜通过了五道测试，继承了帝位

    B. 帝尧设置了无数道难题，舜都很好地解决了

第七课

以孝闻名的舜

课前介绍

　　帝尧在三年时间内，给舜设置了五道考验，舜都很好地完成之后，最终继承了尧的帝位。但这些考验都不简单，因舜出生的原生家庭很糟糕，他的父亲蛮横，后母刁顽，也为弟弟所忌恨。这种成长环境，让舜面临着来自家庭的各种挑战，但舜都能放平心态，不仅出淤泥而不染，不受家庭环境的影响，而且可以巧妙地化解家庭矛盾，最终继承了尧的事业，成为中通外直、声名远播、百姓敬服的天下共主。

精读精讲

1. 原文

　　虞舜者，名曰重(chóng)华。舜父瞽叟(gǔ sǒu)盲，而舜母死，瞽叟更(gèng)娶妻而生象，象傲。瞽叟爱后妻子，常欲杀舜，舜避逃；及有小过，则受罪。舜事父及后母与弟，日以笃(dǔ)谨，匪(fěi)有解(xiè)。

　　瞽叟尚复欲杀之，使舜上涂廪(lǐn)，瞽叟从下纵火焚廪。舜乃以两笠自扞(hàn)而下，去，得不死。后瞽叟又使舜穿井，舜穿井为匿空(nì kǒng)旁出。舜既入深，瞽叟与象共下土实井，舜从匿空出，去。瞽叟、象喜，以舜为已死。象曰："本谋者象。"象与其父母分。舜往见之。象鄂不怿(yì)，曰："我思舜正郁陶！"舜曰："然，尔其庶矣！"舜复事瞽叟爱弟弥(mí)谨。于是尧乃试舜五典百官，皆治。

2. 实词

（1）更：音 gèng，再，又；音 gēng，改变，改换。

（2）傲：傲慢，凶狠。

（3）避：躲，设法躲开。

（4）及：赶上，等到，到了。

（5）小过：小的过错。

(6) 罪：苦难，刑罚。
(7) 事：侍奉。
(8) 日：名词作状语，每天，一天一天地。
(9) 笃谨：纯厚谨慎。
(10) 匪：非，没有，表示否定。
(11) 解：通假字，通"懈"，怠慢。
(12) 之：代词，指舜，可译为"他"。
(13) 使：让，令，叫。
(14) 涂：用泥涂抹。
(15) 廪：泛指粮仓、仓库。
(16) 以：用、把、拿。
(17) 笠：斗笠，用竹篾或棕皮编制的遮阳挡雨的帽子。
(18) 扞：通"捍"，护。
(19) 去：逃离，离开。
(20) 穿井：开凿水井。
(21) 匿：隐匿，藏起来的。
(22) 空：通"孔"，洞穴、窟窿。
(23) 旁出：从一侧通向外面。
(24) 下：往下，方位名词作状语。
(25) 土：倒土，名词作动词。
(26) 实：填埋。
(27) 本：原来，本来，最初。
(28) 谋：谋划，出主意。
(29) 分：这里指瓜分财产。
(30) 鄂：通"愕"，吃惊。
(31) 怪：欢喜。
(32) 郁陶：忧思积聚的样子。
(33) 尔：你，你的。
(34) 庶：近似，差不多。
(35) 复：还原，使如前。
(36) 弥：更加，弥坚。
(37) 试：尝试；任用。

3. 虚词

(1) 则：就。
(2) 尚：还，仍然。
(3) 既：已经。
(4) 以／以……为：①认为。
②把……当作。
(5) 乃：才。

4. 句式及语法积累

名词活用为状语	属于词类活用的一种，表示动作行为的状态，例如："日以笃谨"的日——名词活用为状语，每天，一天一天地；"瞽叟与象共下土实井"的下——往下，方位名词作状语
名词活用为动词	这是非常普遍的一种词类活用，名词放在谓语的位置。例如："瞽叟与象共下土实井"的土——倒土，名词作动词

尧舜篇

5. 古代文化常识积累

重瞳	目有双瞳,即一个眼睛里有两个瞳孔,历史上认为目有双瞳的人都是圣人、伟人,比如创造文字的仓颉、西楚霸王项羽等。现代医学的说法:重瞳其实是白内障的早期症状
解元	解(jiè)元是古代科举考试乡试的第一名,相当于今天的省状元。例如:唐伯虎举乡试第一,所以被人称作"唐解元"。而乡试合格的人被称为举人,例如:选自《儒林外史》的课文《范进中举》中,范进就是中了举人

6. 原文翻译

　　虞舜,名叫重华。舜的父亲瞽叟是个盲人,舜的生母死后,瞽叟又续娶了一个妻子生下了象,象桀骜不驯。瞽叟喜欢后妻的儿子,常常想把舜杀掉,舜都躲过了;赶上有点小错儿,就会遭到重罚。舜很恭顺地侍奉父亲、后母及后母弟,一天比一天地忠诚谨慎,没有一点懈怠。

　　瞽叟仍然想杀他,让舜登高去用泥土修补谷仓,瞽叟却从下面放火焚烧。舜用两个斗笠保护着自己跳下去,逃开了,才得以不死。后来瞽叟又让舜挖井,舜挖井的时候,在侧壁凿出一条暗道通向外边。舜挖到深处,瞽叟和象一起往下倒土填埋水井,舜从旁边的暗道出去,又逃开了。瞽叟和象很高兴,以为舜已经死了。象说:"最初出这个主意的是我。"象跟他的父母一起瓜分舜的财产。舜回来后去看望他。象非常惊愕,继而又摆出闷闷不乐的样子,说:"我正在想念你呢,想得我好郁闷啊!"舜说:"是啊,你可真够兄弟呀!"舜还像以前一样侍奉父母,友爱兄弟,而且更加恭谨。这样,尧才试用舜去理顺五种伦理道德和参与百官的事,都干得很好。

课堂笔记

1. 原文

　　虞舜者,名曰重(chóng)华。舜父瞽(gǔ)叟(sǒu)盲,而舜母死,瞽叟更(gèng)娶妻而生象,象傲。瞽叟爱后妻子,常欲杀舜,舜避逃;及有小过,则受罪。舜事父及后母与弟,日以笃(dǔ)谨,匪(fěi)有解(xiè)。

　　瞽叟尚复欲杀之,使舜上涂廪(lǐn),瞽叟从下纵火焚廪。舜乃以两笠自扞(hàn)

而下，去，得不死。后瞽叟又使舜穿井，舜穿井为匿空旁出。舜既入深，瞽叟与象共下土实井，舜从匿空出，去。瞽叟、象喜，以舜为已死。象曰："本谋者象。"象与其父母分。舜往见之。象鄂不怿，曰："我思舜正郁陶！"舜曰："然，尔其庶矣！"舜复事瞽叟爱弟弥谨。于是尧乃试舜五典百官，皆治。

2. 笔记

◆ 虞舜者，名曰重华。舜父瞽叟盲，而舜母死，瞽叟更娶妻而生象，象傲。

更：

傲：

◆ 瞽叟爱后妻子，常欲杀舜，舜避逃；及有小过，则受罪。

避：

及：

小过：

则：

罪：

◆ 舜事父及后母与弟，日以笃谨，匪有解。

事：

日：

笃谨：

匪：

解：

续表

笔记区	◆ 瞽叟尚复欲杀之，使舜上涂廪，瞽叟从下纵火焚廪。	
	尚：	
	之：	
	使：	
	涂：	
	廪：	
	◆ 舜乃以两笠自扞而下，去，得不死。	
	以：	
	笠：	
	扞：	
	去：	
	◆ 后瞽叟又使舜穿井，舜穿井为匿空旁出。	
	穿井：	
	匿：	
	空：	
	旁出：	
	◆ 舜既入深，瞽叟与象共下土实井，舜从匿空出，去。	
	既：	
	下：	
	土：	
	实：	
	◆ 瞽叟、象喜，以舜为已死。象曰："本谋者象。"象与其父母分。	

续表

以……为：
本：
谋：
分：
◆ 舜往见之。象鄂不怿，曰："我思舜正郁陶！"
鄂：
怿：
郁陶：
◆ 舜曰："然，尔其庶矣！"
尔：
庶：
◆ 舜复事瞽叟爱弟弥谨。
复：
弥：
◆ 于是尧乃试舜五典百官，皆治。
乃：
试：

课后练习

❶ 面对着来自父亲和弟弟的恶意，舜是怎么应对的？

    A. 以德报怨，以孝为先　　　　　　　　B. 心生怨恨

❷ 本课中，舜的父亲几次想要杀舜？

    A. 一次　　　　　　　　　　　　　　　B. 两次

尧舜篇

❸ 你觉得舜是一个怎样的人?

　　A. 愚忠愚孝,不知道变通

　　B. 才智过人,胸襟广阔

夏禹篇

夏禹篇

第八课

治水无功的鲧

课前介绍

　　帝尧传位给帝舜，舜面临的第一个难题就是，帝尧时代的水患仍然没有得到解决。帝尧在没有合适人选的情况下，虽然不看好鲧，但也只能任命鲧去治水，鲧治水九年，没有成果。帝舜即位之后，面临的头等大事就是治理水患，那么舜是如何处理的呢？

精读精讲

1. 原文

　　舜**登用**，**摄(shè)行**天子之政，**巡狩(shòu)**。行视鲧之治水**无状**，乃**殛(jí)**鲧于羽山**以**死。天下皆**以**舜之**诛为是**。于是舜**举**鲧子禹，而使**续**鲧之**业**。

　　尧**崩**，帝舜问四岳曰："有能成**美**尧之事者使**居**官？"皆曰："**伯**禹为**司空**，可成美尧之功。"舜曰："**嗟(jiē)**，**然**！"命禹："**女(rǔ)**平水土，**维是勉**之。"禹**拜稽(qǐ)首**，**让于**契(xiè)、后稷(jì)、皋陶(gāo yáo)。舜曰："**女(rǔ)其**往视**尔事矣**。"

2. 实词

（1）登用：进用，提拔重用。
（2）摄行：代理执行。摄，代理。
（3）巡狩：天子出行，视察邦国州郡以考察功绩。
（4）无状：没有样子，不像样子，即没有取得功绩。
（5）殛：通"极"，流放，放逐。
（6）诛：惩罚。
（7）是：①对，正确的。
　　　　②代词，此、这。
（8）举：选拔、提拔。
（9）续：接上、继续。
（10）业：事业、功业。
（11）崩：崩逝，指帝王死亡。
（12）美：使……美，即发扬光大。
（13）居：担任。
（14）伯：指的是爵位，伯禹指禹。
（15）司空：官职名，主管土木、水利之事。
（16）然：对，是的。

- (17) 女：通"汝"，你。
- (18) 勉：劝人努力，尽力。
- (19) 拜：行敬礼。
- (20) 稽首：指古代跪拜礼，为九拜中最隆重的一种。
- (21) 让：推让。
- (22) 尔：你的。
- (23) 事：事业，任务。

3. 虚词

- (1) 于：① （乃殛鲧于羽山）在，到。
  ② （让于契）引出动作的对象，这里相当于"给"。
- (2) 以：表结果，以致。
- (3) 以……为……：认为……是怎样的。
- (4) 嗟：语气词，相当于"啊"。
- (5) 维：助词，无实际意义，表示祈使语气。
- (6) 其：副词，表示祈使语气，还是。
- (7) 矣：语气词，相当于"吧"。

4. 句式及语法积累

形容词的使动用法	形容词带上宾语以后，如果使得宾语具有这个形容词的性质和状态，那么这个形容词则活用为使动词，一般译为"使……怎么样"。例如："有能成美尧之事者使居官？"的美——使……美，即发扬光大

5. 古代文化常识积累

摄政	摄政指的是代替君主处理国政。摄政出现的原因有两个：①前任君主逝世，而新任君主幼弱不能治国，例如：周公摄政。②现任君主突然因某些原因，例如患病、被绑架、出逃等不能履行职务，而又未退位
流放	流放是将罪犯放逐到边远地区进行惩罚的一种刑罚。它的主要功能是通过将已定刑的人押解到荒僻或远离乡土的地方，以对案犯进行惩治，并以此维护社会和统治秩序
古人常用的对死亡的不同等级描述	
崩	原本指山陵坍塌的意思。后来特指古代皇帝之死
薨（hōng）	得名于象声词"轰"的意思，为诸侯王之死专用词

卒	"大夫死曰卒。"另，唐朝时规定三品以下、五品以上者称"卒"。后来文人墨客多以卒代死，而不在意官品爵位了
不禄	禄指俸禄工资。不禄即是不再享用帝王俸禄，因此代称"士"之死亡
终/死	死是为庶人的叫法，也就是老百姓就叫"死"。终是对君子、受人尊重的人的叫法
夭/殇	长寿的人死，可以叫"终"或"卒"。年幼而死的，可以叫"夭"或"殇"
稽首	稽首礼为九拜中最隆重的一种。常为臣子拜见君王时所用。后来，子拜父，拜天拜神，拜祖拜庙，拜师，拜墓等，也都用此大礼。行稽首礼时，施礼者屈膝跪地，男子双腿打开跪下去形成外八字状，女子跪下去时则双腿并拢。左手按右手上（掌心向内），拱手于地，头也缓缓至于地。头至地须停留一段时间，手在膝前，头点在手背
九拜	古代的礼拜形式，即稽首、顿首、空首、振动、吉拜、凶拜、奇拜、褒拜、肃拜

6. 原文翻译

　　舜被任用，代行天子职事，巡视天下。舜在巡行中发现鲧在治水方面一事无成，于是把他流放到羽山并且处死在那里。天下人都认为舜惩罚鲧的做法是正确的。这时舜举荐鲧的儿子禹，并且让他继承鲧的事业。

　　尧去世以后，帝舜问四岳说："有谁能够更好地完成尧的事业并担任官职呢？"众人都说："让伯禹担任司空，就可以更好地完成尧的事业。"帝舜说："啊！是这样。"舜任命禹说："你去平治水土，一定要努力去做。"禹跪拜叩头，并推让给契、后稷、皋陶等人。舜说："你还是去做你的工作吧。"

课堂笔记

1. 原文

舜登(shè)用，摄行天子之政，巡狩(shòu)。行视鲧之治水无状，乃殛(jí)鲧于羽山以死。天下皆以舜之诛(zhū)为是。于是舜举鲧子禹，而使续鲧之业。

尧崩，帝舜问四岳曰："有能成美尧之事者使居官？"皆曰："伯禹为司空，可成美尧之功。"舜曰："嗟(jiē)，然(rǔ)！"命禹："女(rǔ)平水土，维是勉(miǎn)之。"禹拜稽(qǐ)首，让(xiè)于契、后稷(jì)、皋陶(gāo yáo)。舜曰："女(rǔ)其往视尔事矣。"

2. 笔记

- 舜登用，摄行天子之政，巡狩。

  登用：

  摄行：

  巡狩：

- 行视鲧之治水无状，乃殛鲧于羽山以死。

  无状：

  殛：

  于：

  以：

- 天下皆以舜之诛为是。

  以……为：

  诛：

  是：

- 于是舜举鲧子禹，而使续鲧之业。

夏禹篇

续表

笔记区	举：
	续：
	业：
	◆ 尧崩，帝舜问四岳曰："有能成美尧之事者使居官？"
	崩：
	美：
	居：
	◆ 皆曰："伯禹为司空，可成美尧之功。"舜曰："嗟，然！"
	伯：
	司空：
	嗟：
	然：
	◆ 命禹："女平水土，维是勉之。"
	女：
	维：
	勉：
	◆ 禹拜稽首，让于契、后稷、皋陶。
	拜：
	稽首：
	让：
	于：
	◆ 舜曰："女其往视尔事矣。"
	其：

续表

笔记区	尔：
	事：
	矣：

课后练习

❶ 舜流放了鲧之后，为什么要选择鲧的儿子禹去治水？

   A．鲧治水不力，他的过失就让他的儿子去弥补

   B．舜任用贤能，禹是治水的人才，父亲的过失并不影响舜对人才的选拔

❷ 从文章中可知，让禹去治水：

   A．得到众人的期待认可

   B．不被大家认可

夏禹篇

第九课

大禹治水

课前介绍

大禹的父亲鲧治水九年，没有成效，于是帝舜让禹承担起治水的重任。禹治水十三年间，三过家门而不入，以示自己治水之决心。他跋山涉水，风雨无阻，足迹遍及天下，开辟九州土地，疏通九州河道，加固九州湖泽堤防，度量九州山岳的高低走势，最终彻底平定了水患。

精读精讲

1. 原文

禹乃**遂**与益、后稷奉帝命，命诸侯**百姓兴人徒**以**傅土**，行山**表木**，**定**高山大川。禹**伤先人**父鲧功之不成**受**诛，乃**劳**身**焦**思，**居**外十三年，过家门不敢**入**。**薄**衣食，**致孝于鬼神**。**卑**宫室，致**费**于沟**洫**。陆行乘车，水行乘船，**泥**行乘**橇**，**山**行乘**檋**。左**准绳**，右**规矩**，**载四时**，以开九州，通九**道**，**陂**九泽，**度**九山。令益**予众庶**稻，可种**卑湿**。命后稷予众庶**难得之食**。食少，**调**有余相**给**，以**均**诸侯。禹乃行**相地宜所有**以**贡**，及山川之便利。

2. 实词

(1) 百姓：即百官。

(2) 兴：发动，派遣。

(3) 人徒：平民。

(4) 傅土：平治九州、水土傅。傅通"敷"，分布。

(5) 表木：立木为标志。表指设立标记、标出。

(6) 定：测定。

(7) 伤：哀伤，悲伤；为……伤痛。

(8) 先人：祖先，常指死去的父亲。先，已故，称呼死者的敬词。

(9) 受：蒙受，遭受。

(10) 劳：使……劳累。

(11) 焦：使……焦虑、着急。

(12) 居：身处于，在。

(13) 入：进入。

(14) 薄：减少，使……单薄、简朴。

(15) 致：给予，向对方表示（礼节、情意等）。

(16) 孝：祭，祭祀，向神或祖先供财物以示感激。

(17) 鬼神：祖先和神明。

(18) 卑：使……低矮，这里有"简陋"的意思。

(19) 费：钱财，费用。

(20) 沟淢：沟渠，淢通"洫"，田间沟渠。

(21) 樏：古代在泥路上行走所乘的用具。

(22) 檋：古代登山穿的屐（jī）底有齿的鞋。一说上山坐的滑竿一类的乘具。

(23) 准：测平面的水准器。

(24) 绳：量直度的墨线。

(25) 规：校正圆的工具。

(26) 矩：画方形的曲尺。

(27) 载：装。

(28) 四时：传说中用来测四时定方向的工具。

(29) 州：行政区划名。

(30) 道：道路。

(31) 陂：本义为水岸，这里是"为……修筑堤防"。

(32) 度：测量。

(33) 予：给予。

(34) 众庶：群众，老百姓。

(35) 卑湿：低洼潮湿的地方。

(36) 难得之食：难以得到食物。

(37) 调：抽调。

(38) 给：供给，以物质给予对方。

(39) 均：使……均匀。

(40) 相：察看，判断。

(41) 地宜所有：各地特有的物产。

(42) 贡：贡赋，这里是"定贡赋"的意思。

3. 虚词

(1) 遂：于是，就。

(2) 于：对，向，引出动作对象。

(3) 之：无意义，不译。

(4) 及：连词，还，以及。

4. 句式及语法积累

| 动词的为动用法 | 动词谓语对宾语含有"为谁（或什么）怎样"的意思，叫为动用法。为动用法中的动词多数是不及物动词，少数是活用为动词的名词。为动用法的基本结构方式概括为：动+宾=（为）+宾+（而）+动。例如："禹伤先人父鲧功之不成受诛"的"伤"——本意"哀伤、伤痛"，但在这里是"为……伤痛" |

续表

名词活用为状语	属于词类活用的一种，表示动作行为的状态，例如："陆行乘车，水行乘船，泥行乘橇，山行乘檋"中，陆——在地上，水——在水里，泥——在泥地里，山——在山上

5. 古代文化常识积累

百姓	战国之前是对贵族官员的统称，因为当时只有贵族才有姓，而平民没有姓。战国之后，这是对平民的通称
沟洫系统	沟洫系统的作用主要是排水与减少水患，后来也有一定的灌溉用途。该系统包含：畎（quǎn）——指宽和深各 1 尺的水沟；遂——指宽和深各 2 尺的水沟；沟——指宽和深各 4 尺的水渠；洫——指宽和深各 8 尺的水渠；浍（kuài）——指宽和深各 16 尺的水渠。逐级加深加宽，纵横交错，利用地势最终导水入河川
谢公屐	发明人是谢灵运，他是东晋至刘宋时期大臣、佛学家、旅行家，山水诗派鼻祖。谢公屐分前后齿，在登山的时候，把前齿卸去，这样登山就变得非常容易；下山的时候，又把后跟卸去。可减缓双脚在登山过程中的疲劳
准绳	准指的是测平面的水准器，绳指的是量直度的墨线，古称绳墨，现在俗称墨斗，利用小滑轮，缠线通过墨槽，在木材上打印直线，清晰又准确。后来这个词被用来比喻言行所依据的原则或标准
规矩	规指的是校正圆的工具，矩指的是画方形的曲尺。后来这个词用来指礼法、法度、一定的标准、成规，或指老老实实
九州	相传，大禹将天下分为九州——豫州、青州、徐州、扬州、荆州、梁州、雍州、冀州、兖（yǎn）州。禹之后"九州"就成了古代汉族人聚居地的代名词，引申为"全天下、中华大地"的意思

6. 原文翻译

　　禹于是和伯益、后稷一同奉行帝舜的命令，派诸侯和百官征发民夫来分别整治天下的水土，根据山的走向砍伐树木制作路标，来测定高山大川。禹为先父鲧治水无功遭受惩罚而感到悲伤，于是辛苦劳作，努力思考，在外十三年，即使路过家门也不敢进去。禹的吃穿非常简朴，但是他向祖先神灵所进献的祭品却很丰厚；禹的住宅十分简陋，但是他对修渠挖沟所耗费的财力却不吝惜。他在平地行走的时候乘坐车驾，在水路行进的时候乘坐船只，在泥地行走的时候使用木橇，在山间攀爬的时候就穿上底部有齿的鞋。左手准绳，右手规矩，装载测定时令的仪器，用来开辟九州的土地，打通九州的道路，修筑九州的堤坝，测量九州的山岳。禹命令益给民众可以在低洼潮湿地方种植的稻种。他又命令后稷给予民众应急充饥的食物。在缺少食物的地方，禹就从富裕的地方调来食物补充不足的地方，使各地的食物储备得以均衡。禹还根据各地的不同情况定下进献贡物的标准，并视察了各地高山大川的交通状况。

课堂笔记

1. 原文

禹乃**遂**与益、后稷奉帝命，命诸侯**百姓兴人徒**以**傅**土，行山**表**木，**定**高山大川。禹**伤先人**父鲧功之不成**受**诛，乃**劳**身**焦**思，**居**外十三年，过家门不敢**入**。**薄**衣食，**致孝于鬼神**。**卑**宫室，致**费**于沟**洫**。**陆**行乘车，水行乘船，**泥**行乘**橇**，**山**行乘**檋**。左**准绳**，右**规矩**，**载**四时，以开九州，通九道，**陂**九泽，**度**九山。令益**予众庶**稻，可种**卑湿**。命后稷予众庶**难得之食**。食少，**调**有余相**给**，以**均**诸侯。禹乃行**相地宜所有**以**贡**，**及**山川之便利。

2. 笔记

◆ 禹乃遂与益、后稷奉帝命，

遂：

◆ 命诸侯百姓兴人徒以傅土，行山表木，定高山大川。

百姓：

兴：

人徒：

傅：

续表

笔 记 区	表：
	定：
	◆禹**伤先人**父鲧功之不成**受**诛，乃**劳**身**焦**思，**居**外十三年，过家门不敢**入**。
	伤：
	先人：
	受：
	劳：
	焦：
	居：
	入：
	◆**薄**衣食，**致孝于鬼神**。
	薄：
	致：
	孝：
	于：
	鬼神：
	◆**卑**宫室，致**费**于**沟洫**。
	卑：
	费：
	沟洫：
	◆**陆**行乘车，**水**行乘船，**泥**行乘**橇**，**山**行乘**檋**。

续表

陆、水、泥、山：
橇：
檋：
◆ 左准绳，右规矩，载四时，以开九州，通九道，陂九泽，度九山。
准：
绳：
规：
矩：
载：
四时：
州：
道：
陂：
度：
◆ 令益予众庶稻，可种卑湿。命后稷予众庶难得之食。
予：
众庶：
卑湿：
难得之食：
◆ 食少，调有余相给，以均诸侯。禹乃行相地宜所有以贡，及山川之便利。
调：

续表

笔记区	给：
	均：
	相：
	地宜所有：
	贡：
	及：

课后练习

❶ 为什么大禹治水十三年间，三过家门不入？

    A. 大水泛滥，他每次过家门都无法进到家中

    B. 治水任务艰巨，他必须向人们传递出自己治水的决心

❷ 大禹治水和父亲鲧治水的不同之处是：

    A. 鲧的治水策略是以堵为主，而禹的策略则以疏通为主

    B. 大禹工作勤劳，而鲧懒惰不作为

第十课

舜禹禅让

课前介绍

大禹采用科学的治水方法，以疏导代替封堵，加上他责任心强，有毅力和恒心，三过家门而不入，终于治水成功。在解决了水患之后，他还解决了因水灾而遗留的其他问题，恢复民生秩序，建立税赋制度，分封诸侯，全天下都呈现出一片欣欣向荣的景象。于是帝舜传位给大禹。

精读精讲

1. 原文

于是九州攸(yōu)同，四奥(ào)既居，九山刊旅，九川涤(dí)原，九泽既陂(bēi)，四海会同。六府甚修，众土交正(zhēng)，致慎财赋，咸则三壤成赋。中国赐土姓："祗(zhī)台(yí)德先，不距朕行。"

东渐(jiān)于海，西被于流沙，朔、南暨(jì)，声教讫(qì)于四海。于是帝锡(cì)禹玄圭(guī)，以告成功于天下。天下于是太平治。

帝舜荐(jiàn)禹于天，为嗣(sì)。十七年而帝舜崩。三年丧(sāng)毕，禹辞辟(bì)舜之子商均于阳城。天下诸侯皆去商均而朝禹。禹于是遂即天子位，南面朝天下，国号曰夏后，姓姒(sì)氏。

2. 实词

(1) 同：同一，统一。

(2) 四奥：四方之内。奥，通"墺"，指可以定居的地方。

(3) 刊旅：开通道路。

(4) 涤原：疏通水道。

(5) 陂：原指水岸、山坡，这里名词作动词，修筑堤防。

(6) 四海：指全国各地。

(7) 六府：上古六种税官之总称。

(8) 修：整治。

夏禹篇

(9) 众土：各方土地。
(10) 正：通"征"，征税，征讨。
(11) 致慎：对于……认真谨慎。
(12) 则：准则，规范；名词意动用法"以……当作标准"。
(13) 三壤：古时按土质的肥瘠将耕地分上中下三种土壤。
(14) 中国：指九州之中。
(15) 土姓：指土地和姓氏。
(16) 祗：恭敬。
(17) 台：我，自称。
(18) 距：通"拒"，违抗，违背。
(19) 行：行为，这里指各种措施。
(20) 渐：流入。
(21) 被：及，到达。
(22) 朔：北方。

(23) 暨：到，至。
(24) 讫：通"迄"，到，至。
(25) 锡：通"赐"，给予、赐给。
(26) 玄圭：黑色的玉圭。
(27) 荐：推荐。
(28) 嗣：继承人。
(29) 丧：服丧。
(30) 毕：完毕，结束。
(31) 辞：推却不受，辞去；告辞，辞别。
(32) 辟：通"避"，躲避，避让。
(33) 去：离开、距离。
(34) 朝：①（去商均而朝禹）朝拜。
②（南面朝天下）动词的使动用法，使……前来朝拜。
(35) 即：本意为就餐，引申为靠近、登上。
(36) 南面：面向南，代称登帝位。

3. 虚词

(1) 攸：于是，就。
(2) 既：已经。
(3) 交：都。
(4) 咸：都。
(5) 于是：①（于是帝锡禹玄圭）表承接连词。
②（天下于是太平治）从此以后。
(6) 于：①（告成功于天下）给，向，引出动作对象。
②（东渐于海）在，引出地点。
(7) 而：连接两个先后发生的动作，表顺承。
(8) 皆：都。

4. 句式及语法积累

| 名词的意动用法 | 名词充当谓语，名词意动典型的格式是"把/以……当作……"，这里的"当作"二字，就把名词词性动词化了。例如："咸则三壤成赋"的"则"——本意"标准、准则、规范"，但在这里是"以……当作标准" |

5. 古代文化常识积累

五湖四海	五湖有说指古代吴越地区湖泊，近代一般以洞庭湖、鄱阳湖、太湖、洪泽湖、巢湖为"五湖"。古人以为中国四境有海环绕，用以指全国各地。整体就是指全国各地，有时也指世界各地。现有时也比喻广泛的团结
六府	①指水、火、木、金、土、谷等六种生活资源 ②指上古六种税官之总称。《礼记·曲礼下》："天子之六府，曰：司土、司木、司水、司草、司器、司货，典司六职。" ③即六腑，指小肠、胆、胃、大肠、膀胱。五脏指心、肝、脾、肺、肾
玄圭	为一种黑色的玉器，上尖下方。五德对应五色，玄对应的是水，所以这里帝舜赏赐玄圭给禹以纪念治水之功。之后玄圭就用以赏赐建立特殊功绩的人。后来也借指特大功业
服丧	在古代，家中的长辈逝世，晚辈需要守孝三年；皇帝逝世，天下也需要服丧
南面	古代以坐北朝南为尊位，故天子、诸侯见群臣，皆面南而坐。帝位面朝南，故代称帝位

6. 原文翻译

  这时九州统一，四境之内都可以居住，九州的大山得到整治，九州的河道已经疏通，九州的湖泽附近也修筑了堤坝，四海之内的诸侯都来朝贡。六府的物资管理得当，各处的土地都能正确勘测，根据各地情况谨慎征收赋税，都按照土壤的不同等级来征收。中央赐给诸侯土地、姓氏："恭敬中央，以德业为先，不要违背我的规矩措施。"

  国土向东延伸到大海，向西覆盖到沙漠，从北方到南方，天子的声威教化可以传遍四海。于是舜帝赏赐禹玄圭，用来向全天下人宣布治水的成功。天下从此太平安定了。

  帝舜向上天推荐禹，立他为继承人。十七年后帝舜去世。三年丧期结束，禹躲避到阳城而将天子之位让给舜的儿子商均。天下诸侯都离开商均而去朝见禹。禹于是登上天子之位，面向南方治理天下，国号为夏后，姓姒氏。

夏禹篇

课堂笔记

1. 原文

　　于是九州攸同，四奥既居，九山刊旅，九川涤原，九泽既陂，四海会同。六府甚修，众土交正，致慎财赋，咸则三壤成赋。中国赐土姓："祗台德先，不距朕行。"

　　东渐于海，西被于流沙，朔、南暨，声教讫于四海。于是帝锡禹玄圭，以告成功于天下。天下于是太平治。

　　帝舜荐禹于天，为嗣。十七年而帝舜崩。三年丧毕，禹辞辟舜之子商均于阳城。天下诸侯皆去商均而朝禹。禹于是遂即天子位，南面朝天下，国号曰夏后，姓姒氏。

2. 笔记

笔记区	
◆ 于是九州攸同，四奥既居，九山刊旅，九川涤原，九泽既陂，四海会同。	
	攸：
	同：
	奥：
	既：
	刊旅：
	涤原：
	陂：
	四海：
◆ 六府甚修，众土交正，致慎财赋，咸则三壤成赋。	
	六府：

续表

笔 记 区	修：
	众土：
	交：
	正：
	致慎：
	咸：
	则：
	三壤：
	◆ 中国赐土姓："祗台德先，不距朕行。"
	中国：
	土姓：
	祗：
	台：
	距：
	行：
	◆ 东渐于海，西被于流沙，朔、南暨，声教讫于四海。
	渐：
	于：
	被：
	朔：
	暨：
	讫：

续表

笔记区	◆ 于是帝锡禹玄圭，以告成功于天下。天下于是太平治。
	锡：
	玄圭：
	于是：
	◆ 帝舜荐禹于天，为嗣。十七年而帝舜崩。
	荐：
	嗣：
	而：
	◆ 三年丧毕，禹辞辟舜之子商均于阳城。
	丧：
	毕：
	辞：
	辟：
	◆ 天下诸侯皆去商均而朝禹。
	皆：
	去：
	朝：
	◆ 禹于是遂即天子位，南面朝天下，国号曰夏后，姓姒氏。
	即：
	南面：

课后练习

1 大禹治水成功带来了什么好处?

　　A. 天下一统,欣欣向荣

　　B. 水患结束了,但民生仍然非常艰难

2 舜把帝位传给了谁?

　　A. 大禹

　　B. 商钧

第十一课

夏启即位

课前介绍

大禹即位后，本推荐大臣益作为自己的继承人，但因禹的功绩太大，全天下人都希望禹的儿子启成为继承人，于是启继承了禹的帝位，开启了夏王朝，所以启又被称为夏启。从此，"公天下"变为"家天下"，选举贤能之人继承帝位的时代结束，世袭制取代了禅让制，血缘关系成为选王位继承人的主要标准。

精读精讲

1. 原文

帝禹立而举皋陶（gāo yáo）荐之，且授政焉（yān），而皋陶卒。而后举益，任（rèn）之政。十年，帝禹东巡狩（shòu），至于会稽（kuài jī）而崩。以天下授益。三年之丧（sāng）毕，益让帝禹之子启，而辟（bì）居箕（jī）山之阳。禹子启贤，天下属意（zhǔ）焉。及禹崩，虽授益，益之佐禹日浅，天下未洽。故诸侯皆去益而朝启，曰"吾君帝禹之子也"。于是启遂即天子之位，是为夏后帝启。有扈（hù）氏不服，启伐之，大战于甘。遂灭有扈氏。天下咸朝。

2. 实词

(1) 立：登位、即位；确定某种地位。

(2) 授：交给，任命。

(3) 任：任用，委派。

(4) 东：到东方，名词活用为状语。

(5) 巡狩：天子出行，视察邦国州郡以考察功绩。

(6) 至于：到达。至，到。于，引出地点。

(7) 让：推让。

(8) 辟：通"避"，躲避，避让。

(9) 阳：山南水北，这里指山的南面。

(10) 贤：有才德的，多才能的。

(11) 属意：意向集中或倾向于某人或某事，归心、爱慕。属，集中。意，意向。

(12) 及：等到。

(13) 佐：辅佐。

(14) 日浅：时间短。
(15) 洽：融洽，和谐，这里引申为服从的意思。
(16) 去：离开。
(17) 朝：朝拜。
(18) 有扈氏：古部落名，夏代时期一个实力较强的部落。
(19) 服：服从，臣服。
(20) 伐：征伐，进攻。
(21) 甘：古地名。
(22) 灭：消灭，灭亡；消失。

3. 虚词

(1) 且：将要。
(2) 焉：兼词，在这兼"于彼"，意思是给他。
(3) 而后：后来、然后、以后。
(4) 之：①（任之政）代词，他，指代益。
②（益之佐禹日浅）无意义，不翻译。
(5) 以：把，表示对事物的处置。
(6) 也：语气词，用在句末表示判断或肯定语气。相当于"啊""呀"。

4. 句式及语法积累

兼词	指古代汉语中，有的字代表了两个词的结合。这种字兼有互相结合的两个词的意义和用法，这样的字便成为兼词。其中"诸"和"焉"是最常见的兼词

兼词	词义	例子	例子释义
诸	在句中：兼代词"之"和介词"于"	投诸渤海之尾，隐土之北 ——《愚公移山》	把它扔到渤海的边上，隐土的北边
诸	在句末：兼代词"之"和介词"乎"	信如君不君、臣不臣、父不父、子不子，虽有粟，吾得而食诸 ——《论语·颜渊》	如果真的国君不像国君，臣子不像臣子，父亲不像父亲，儿子不像儿子，即使有粮食，我能够吃得上它吗
焉	可兼"于之"或"于是"又可兼"于彼"	率妻子邑人来此绝境，不复出焉 ——《桃花源记》	率领妻儿乡邻们来到这个与世隔绝的地方，从此再没有从这出去了

续表

兼词	词义	例子	例子释义
盍/曷（"曷"通"盍"）	兼"何不"意为为什么不	子曰："盍各言尔志？"——《论语·公冶（yě）长》	孔子说："为什么不说说你们的愿望呢？"
叵		居心叵测	指存心险恶，不可推测

判断句的基本句式	文言文中的判断句，从内容上看和现代汉语没有什么区别，都是对人、事、物、情况、原因做出肯定或否定的判断；从形式上看，最大的区别就是一般不用"是"作为判断词

类型	句式	例子	例子释义
用"者""也"表判断	……者，……也	吾妻之美我者，私我也——《邹忌讽齐王纳谏》	我的妻子认为我美，是偏爱我
	……者也	鱼，我所欲也；熊掌，亦我所欲也。二者不可得兼，舍鱼而取熊掌者也——《鱼我所欲也》	鱼是我所想要的，熊掌也是我所想要的，如果这两种东西不能同时得到，那么我就只好放弃鱼而选取熊掌了
	……，……也	吾君帝禹之子也	我们的君主是帝禹的儿子啊
	……者，……	黄帝者，少典之子	黄帝是少典部族的后代
省略"者"和"也"	……，……	刘备，天下枭雄——《资治通鉴》	刘备是天下的英雄人物

5. 古代文化常识积累

山南水北为阳　因为我国位于北半球，阳光是从南方照射过来的，且主要水系都是自西向东流。古人把有阳光照射的一面称为阳面，另一面称为阴面，如右图所示。所以就有"山南水北为阳，山北水南为阴"的说法。例如：江苏江阴市因位于长江南面得名"江阴"

6. 原文翻译

　　禹即位后向上天举荐皋陶，并且把政事交给他，可是皋陶死了。之后禹任用益，让他处理政事。

　　在位第十年的时候，帝禹到东方巡视，在会稽去世，把天下让给了益。三年丧期结束，益把帝位让给了帝禹的儿子启，自己躲避到箕山以南。禹的儿子启很有才能，天下人都希望他可以做天子。等到禹去世的时候，虽然把天下让给了益，但是益辅佐禹的时间还很短，天下人还不信服。所以天下诸侯都离开益而去朝见启，说"我君是帝禹的儿子"。于是启登上天子之位，这就是夏后帝启。

　　有扈氏不服从启的命令，启率兵讨伐，在甘激战。最终启灭掉有扈氏。天下诸侯都来朝见启。

课堂笔记

1. 原文

　　帝禹<u>立</u>而举皋陶(gāo yáo)荐之，<u>且授</u>政<u>焉</u>(yān)，而皋陶卒。<u>而后</u>举益，<u>任</u>(rèn)之政。十年，帝禹<u>东巡狩</u>(shòu)，<u>至于</u>会稽(kuài jī)而崩。<u>以</u>天下授益。三年之<u>丧</u>(sāng)毕，益<u>让</u>帝禹之子启，而<u>辟</u>(bì)居箕(jī)山之阳。禹子启<u>贤</u>，天下<u>属意</u>(zhǔ)焉。<u>及</u>禹崩，虽授益，益之<u>佐</u>禹<u>日浅</u>，天下未<u>洽</u>。故诸侯皆<u>去</u>益而<u>朝</u>启，曰"吾君帝禹之子<u>也</u>"。于是启遂即天子之位，是为夏后帝启。有扈(hù)氏不<u>服</u>，启<u>伐</u>之，大战于<u>甘</u>。遂<u>灭</u>有扈氏。天下咸朝。

2. 笔记

笔记区	◆ 帝禹<u>立</u>而举皋陶荐之，<u>且授</u>政<u>焉</u>，而皋陶卒。
	立：
	且：
	授：
	焉：
	◆ <u>而后</u>举益，<u>任</u>之政。

笔记区	而后：
	任：
	之：
	◆ 十年，帝禹东巡狩，至于会稽而崩。以天下授益。
	东：
	巡狩：
	至于：
	以：
	◆ 三年之丧毕，益让帝禹之子启，而辟居箕山之阳。
	让：
	辟：
	阳：
	◆ 禹子启贤，天下属意焉。及禹崩，虽授益，益之佐禹日浅，天下未洽。
	贤：
	属意：
	及：
	佐：
	日浅：
	洽：
	◆ 故诸侯皆去益而朝启，曰"吾君帝禹之子也"。于是启遂即天子之位，是为夏后帝启。
	去：

续表

笔记区	朝：
	也：
	◆ 有扈氏不**服**，启**伐**之，大战于**甘**。遂**灭**有扈氏。天下咸朝。
	服：
	伐：
	甘：
	灭：

课后练习

1 大禹最后想要把自己的帝位传给谁？

　　A. 他的儿子启

　　B. 他的大臣益

2 天下人为什么不愿意接受益成为天子？

　　A. 禹治水成功之后的声望和统治基础空前强盛，人们希望有禹血统的人继承王位

　　B. 益倒行逆施，德行不足以成为帝王人选

商周篇

商周篇

第十二课

网开一面

课前介绍

上节课我们讲到大禹因为治水功绩太高，天下人都推举他的儿子夏启成为继承人，从此，世袭制取代禅让制，成为我国古代帝王最主要的继承方式。从大禹时代起，随后400多年间，都是大禹的后代做天子，因此后世把大禹及其后代统治的时代称为夏王朝。夏桀（jié）作为夏朝最后一位君王，在位期间施行暴政，败家败国，最终在鸣条之战败给成汤，葬送了夏朝，而后成汤建立商朝。都说一位好的君王，身边离不开好的臣子。本课我们主要讲述商朝的开国君王成汤和他的大臣伊尹（yī yǐn）的故事。

精读精讲

1. 原文

伊尹名阿衡。阿衡欲**奸**（gàn）汤而无**由**，**乃为**有莘氏**媵臣**（shēn yìng），**负鼎俎**（zǔ），**以滋味说**（shuì）汤，**致于王道**。**或**曰，伊尹**处士**，汤使人**聘迎之**，五**反**然后肯往**从**汤，言**素王**及**九主**之事。汤**举任以**国政。

汤出，见**野**张网四面，**祝**曰："自天下**四方**皆入吾网。"汤曰："**嘻**（xī），**尽**之矣！"乃去**其**三面，祝曰："**欲左**，左。欲**右**，右。不**用命**，乃入吾网。"诸侯**闻**之，曰："汤德至矣，**及**禽兽。"

当是时，夏桀（jié）为**虐政淫荒**，而诸侯昆吾氏**为乱**。汤乃**兴师率**诸侯，伊尹从汤，汤自**把钺**（yuè）以伐昆吾，遂伐桀。

2. 实词

(1) 奸：通"干"，这里指请求，求取。
(2) 由：途径，机会。
(3) 为：做，成为。
(4) 媵臣：古代陪嫁的奴仆。媵，古代嫁女时随嫁或陪嫁的人或物。
(5) 负：背着。

(6) 鼎：古代炊器。
(7) 俎：古代割肉用的砧板。
(8) 滋味：美味。
(9) 说：说服，劝说。
(10) 致：送达，这里有进言的意思。
(11) 王道：儒家以仁义治理天下之道；仁政。
(12) 或：代词，有的，有的人。
(13) 处士：有德才而隐居不做官的人。
(14) 聘：聘请。
(15) 迎：迎接。
(16) 反：通"返"，返回。
(17) 从：跟随。
(18) 素王：指远古帝王。
(19) 九主：历代九种类型的君主。
(20) 举：任用。
(21) 任：任用，委派。
(22) 野：郊外，离城市较远的地方。

(23) 祝：祷告。
(24) 四方：指东南西北四个方向，泛指天下、各处。
(25) 尽：消灭、消失。
(26) 其：代词，他的，它的。
(27) 欲：想要。
(28) 用命：执行命令、听从命令。
(29) 闻：听见，听说，知道。
(30) 及：推及。
(31) 当是时：这时候。是，这。
(32) 虐政：指残暴的政策法令。
(33) 淫荒：耽于逸乐，纵欲放荡。
(34) 为乱：作乱，造反。
(35) 兴师：派遣，发动军队。
(36) 率：率领，带领。
(37) 把：握持，执。
(38) 钺：斧类兵器。

3. 虚词

(1) 乃：于是。
(2) 以：①（以滋味说汤）介词，用，凭借。
　　　　②（举任以国政）介词，把。
(3) 于：助词，无实义。
(4) 嘻：叹词，表示赞叹、悲叹或惊惧。
(5) 左、右：副词，向左、向右。

4. 句式及语法积累

"之"字在文言文中常见用法	
用法	例子	例子释义
代词	诸侯闻之	诸侯听说了这件事

用法	例子	例子释义
的	炎帝之少女，名曰女娃 ——《精卫填海》	炎帝的小女儿，名叫女娃
到	项伯乃夜驰之沛公军 ——《鸿门宴》	项伯就连夜骑马跑到刘邦的军营
主谓之间取消句子独立性	无丝竹之乱耳，无案牍之劳形 ——《陋室铭》	没有世俗乐曲扰乱听力，没有官府公文劳身伤神
宾语前置标志	孔子云："何陋之有？" ——《陋室铭》	孔子说："有什么简陋的呢？"
定语后置标志	居庙堂之高，则忧其民；处江湖之远，则忧其君 ——《岳阳楼记》	处在高高的朝廷，就忧虑老百姓的疾苦；退隐在偏远的江湖（即民间），就担忧他的国君

5. 古代文化常识积累

媵制	中国古代一种多妻制婚姻。即一个女子出嫁，须同姓娣侄（妹妹和侄女或同姓国女子）和奴仆随嫁
鼎	①原用于炊器，烹煮肉或盛贮肉类；②后来用于礼器（祭祀）；③鼎也是权力的象征
钺	古代兵器，青铜制，像斧，比斧大，圆刃可砍劈，中国商及西周盛行。又有玉石制的，供礼仪、殡葬用

6. 原文翻译

　　伊尹的名字是阿衡。阿衡想要求见汤却找不到门路，于是成为有莘氏女子陪嫁的奴隶，背着厨具，凭借烹调美味来说服汤，最终成就王道。有人说，伊尹是一位隐士，汤派人聘请迎接他，往返五次他才肯前往跟随汤，讲述素王和九主的事情。汤任用他来管理国政。

　　汤外出，看见野外有猎人在四个方向设网打猎，并且祷告说："愿天下四方来的猎物都进入我的网中。"汤说："唉，那样就把鸟兽都捕尽了！"于是撤去三个方向的网，并且祷告说："想要去左边的，向左走。想要去右边的，向右走。不听从命令的，才会进入我的网中。"诸侯听说以后,都说:"汤的德行已经达到最高境界了,连鸟兽也能享受他的恩惠。"

在这个时候,夏桀施行暴政而荒淫无道,同时诸侯昆吾氏趁机作乱。于是汤发兵率领诸侯前去讨伐,伊尹跟随汤,汤亲自手持斧钺来攻打昆吾氏,接着又去攻打夏桀。

课堂笔记

1. 原文

伊尹名阿衡。阿衡欲奸(gàn)汤而无由,乃为有莘氏媵臣(shēn yìng),负鼎俎(zǔ),以滋味说(shuì)汤,致于王道。或曰,伊尹处士,汤使人聘迎之,五反然后肯往从汤,言素王及九主之事。汤举任以国政。

汤出,见野张网四面,祝曰:"自天下四方皆入吾网。"汤曰:"嘻(xī),尽之矣!"乃去其三面,祝曰:"欲左,左。欲右,右。不用命,乃入吾网。"诸侯闻之,曰:"汤德至矣,及禽兽。"

当是时,夏桀(jié)为虐政淫荒,而诸侯昆吾氏为乱。汤乃兴师率诸侯,伊尹从汤,汤自把钺(yuè)以伐昆吾,遂伐桀。

2. 笔记

笔记区	
◆ 伊尹名阿衡。阿衡欲奸汤而无由,乃为有莘氏媵臣,	
奸:	
由:	
乃:	
媵臣:	
◆ 负鼎俎,以滋味说汤,致于王道。	
负:	
鼎:	

续表

	俎：
笔记区	以：
	滋味：
	说：
	致：
	于：
	王道：
	◆或曰，伊尹处士，汤使人聘迎之，五反然后肯往从汤，
	或：
	处士：
	聘：
	迎：
	反：
	从：
	◆言素王及九主之事。汤举任以国政。
	素王：
	九主：
	举：
	任：
	◆汤出，见野张网四面，祝曰："自天下四方皆入吾网。"
	野：
	祝：

续表

四方：
◆ 汤曰："嘻，尽之矣！"乃去其三面，
嘻：
尽：
其：
◆ 祝曰："欲左，左。欲右，右。不用命，乃入吾网。"
欲：
左、右：
用命：
◆ 诸侯闻之，曰："汤德至矣，及禽兽。"
闻：
及：
◆ 当是时，夏桀为虐政淫荒，而诸侯昆吾氏为乱。
当是时：
虐政：
淫荒：
为乱：
◆ 汤乃兴师率诸侯，伊尹从汤，汤自把钺以伐昆吾，遂伐桀。
兴师：
率：
把：
钺：

课后练习

❶ 关于伊尹如何成为成汤的大臣,司马迁给出了几种说法?

　　A. 一种说法,文章没能展现伊尹的才能品行

　　B. 两种说法,且两种说法都支持伊尹是一个才能出众的人

❷ "乃去其三面"展示了成汤什么治政特点?

　　A. 可持续发展的理念

　　B. 粗暴干涉民间生活

第十三课

商汤灭夏

课前介绍

在前面的课堂中，我们知道因为大禹的丰功伟绩，天下人自愿让他的儿子夏启成为继承人，从而开启了长达数百年的大夏王朝。而同样作为大禹的后人，夏桀在位期间统治残暴不得人心，天下人都希望他能够早点下台，让更贤明的人来治理天下。夏桀最终被成汤打败，成为夏朝的亡国之君。

精读精讲

1. 原文

汤曰："格（gé）女（rǔ）众庶，来，女悉听朕言。匪（fěi）台（yí）小子敢行举乱，有夏多罪，予维（yú）闻女众言，夏氏有罪。予畏上帝，不敢不正（zhēng）。今夏多罪，天命殛（jí）之。今女有众，女曰：'我君不恤（xù）我众，舍我啬（sè）事而割政（zhēng）。'女其曰：'有罪，其奈何？'夏王率止众力，率夺夏国。众有率怠（dài）不和，曰：'是日何时丧？予与女皆亡！'夏德若兹，今朕必往。尔尚及予一人致天之罚，予其大赉（lài）女。女毋（wú）不信，朕不食言。女不从誓言，予则帑（nú）僇（lù）女，无有攸（yōu）赦（shè）。"以告令师，作汤誓。于是汤曰"吾甚武"，号曰武王。

桀败于有娀（sōng）之虚，桀奔于鸣条，夏师败绩。汤遂伐三㚇（zōng），俘厥（jué）宝玉，义伯、仲伯作《典宝》。汤既胜夏，欲迁其社，不可，作《夏社》。伊尹报。于是诸侯毕服，汤乃践天子位，平定海内。

2. 实词

（1）格：通"佫"，来到，到达。
（2）女：通"汝"，你。
（3）众：许多。
（4）庶：平民，百姓。
（5）朕：人称代词，我。
（6）匪：通"非"，不是。

(7) 台：通"饴"，我。

(8) 小子：谦辞，自称（对人称呼自己）。

(9) 行：实行；做。

(10) 举乱：作乱。举，发动，兴起。

(11) 畏：畏惧，害怕。

(12) 上帝：古代指天上主宰万物的神。

(13) 正：通"征"，征伐，征讨。

(14) 殄：杀死，诛杀。

(15) 恤：顾念，体念。

(16) 舍：废止，停止。

(17) 啬事：稼穑之事，即农事。啬，通"穑"，收割庄稼。

(18) 割：剥取，剥夺。

(19) 政：通"征"，征敛。

(20) 其：代词，他。代指夏桀。

(21) 奈何：怎么样，怎么办。

(22) 止：停住，竭尽。

(23) 夺：剥夺，掠夺。

(24) 怠：不恭敬，轻慢。

(25) 和：和睦，和谐。

(26) 是：此，这。

(27) 丧：灭亡。

(28) 若：动词，像。

(29) 兹：代词，这，此。

(30) 尔：代词，你，你们。

(31) 予一人：古代天子的自称。

(32) 致：施行，实现。

(33) 理：通"赉（lài）"，赏赐。

(34) 食言：不守信用，说话不算数。

(35) 帑：通"奴"，使……为奴。

(36) 僇：通"戮"，杀。

(37) 赦：宽容，赦免。

(38) 以：用。

(39) 告：文告。

(40) 令：命令。

(41) 师：泛指军队。

(42) 武：勇武。

(43) 有娀：古国名。故址在今山西省永济市。

(44) 虚：通"墟"，旧址。

(45) 奔：逃跑，逃亡。

(46) 鸣条：古地名。在今山西运城安邑镇北。

(47) 败绩：（军队）被打败，溃败。

(48) 伐：讨伐，进攻。

(49) 三㚇：忠于桀的一个诸侯国，在今山东定陶北。

(50) 俘厥：俘，掳获。厥，代词，他的，他们的。

(51) 胜：战胜。

(52) 迁：变更。

(53) 社：社神，土地神（相传社神是句龙，能平水土）。

(54) 报：传达，通报。

(55) 服：服从，顺服。

(56) 践：踩、踏，引申为登临。

(57) 海内：国境之内，全国。古人认为我国疆土四面环海，因此称国境以内为海内。

3. 虚词

(1) 悉：全都，全部。

(2) 有：附着在动词、名词、形容词前，相当于词缀，无实际意义。

(3) 维：助词，句中，帮助判断，无实义。也可用于句首。

(4) 其：将，将要（副词，或许，大概）。

(5) 率：都。这里指君臣一起剥削百姓。

(6) 皆：一起，一同。

(7) 尚：通"倘"，如果。

(8) 毋：不要。

(9) 攸：放在动词之前，构成名词性词组，相当于"所"。

(10) 于是：连词，表承接。

(11) 甚：非常。

(12) 毕：全部，都。

4. 句式及语法积累

古今异义词	一些字形相同而古义和今义不同的词。如："思厥先祖父"中"祖父"古义为"祖父与父亲"，今义为"爷爷（祖父）"
动词的使动用法	表示"使……"的意思。如"以德服人者，中心悦而诚服也"中的第一个"服"，解释为使……服从

谦辞与敬辞

谦辞	例子	敬辞	例子
家 ——对别人称比自己辈分大或年龄大的亲属	家父/家君（自己的父亲） 家母（自己的母亲）	令 ——称呼对方的亲属	令尊（对方父亲） 令堂（对方母亲）
舍（shè） ——对别人称比自己辈分小或年龄小的亲属	舍弟（自己的弟弟） 舍侄（自己的侄子）	尊 ——称呼对方有关人或物	尊君（对方父亲） 尊堂（对方母亲）
小/愚/鄙 ——对别人称自己或与自己有关的人或物	小女（自己的女儿） 小人/愚/鄙人（自己） 愚见/鄙见（自己的见解）	贵 ——称呼对方的事物	贵干（问对方要做什么） 贵姓（问对方的姓）

古代常见人称代词

人称	人称代词	例子
第一人称： 我，我的； 我们，我们的	朕（寡人/孤/予一人）	今朕必往（朕：我）
	予	予与女皆亡（予：我）
	台（yí）	匪台小子敢行举乱（通"怡"，我）
	吾（wú）	吾甚武（吾：我）
	我	我君不恤（xù）我众（我：我，我们）
	余	余弟宗玄（余：我） ——唐·柳宗元《小石潭记》
第二人称： 你，你的； 你们，你们的	汝（女）	女悉听朕言（通"汝"，我）
	尔	尔尚（tǎng）及予一人致天之罚（尔，你们）
	若	若入前为寿（若，你） ——汉·司马迁《鸿门宴》
第三人称： 他/她/它 （们）； 他/她/它（们） 的）	之	天命殛（jí）之（之，他，指夏桀）
	其	有罪，其奈何（其，他，指夏桀）
	厥	俘厥（jué）宝玉（厥，他们的）
	彼	彼与彼年相若也（彼，他） ——唐·韩愈《师说》

5. 古代文化常识积累

古代常见平民的别称（1）

别称	解释	例子
庶民 （庶人）	泛指无官爵的平民	自天子以至于庶人，壹是皆以修身为本 ——春秋·曾子《大学》 释义：从天子到平民百姓，都应该把修养自己的品德作为根本

续表

别称	解释	例子
百姓	原来只有贵族有姓，本指贵族，战国后为平民的通称	命诸侯百姓兴人徒（tú）以傅（fū）土 ——汉·司马迁《史记·夏本纪》 释义：命令诸侯和百姓动员人力来进行土地的开发治理 兴，百姓苦；亡，百姓苦 ——元·张养浩《山坡羊·潼关怀古》 释义：一朝兴盛，百姓受苦；一朝灭亡，百姓依旧受苦
黎民	炎帝黄帝合力击败进犯的九黎部落，俘虏为奴隶。黎民原指奴隶，后指平民	以五十步笑百步……黎民不饥不寒，然而不王（wàng）者，未之有也 ——战国·孟子及其弟子《寡人之于国也》 释义：百姓没有挨饿受冻的，做到这些而不能统一天下称王的人还从未有过
布衣	借指平民。古代平民多穿粗布麻衣	臣本布衣，躬耕于南阳 ——三国·诸葛亮《出师表》 释义：我本来是平民百姓，在南阳务农亲耕

6. 原文翻译

汤说："来吧！你们这些人，来，都听我说。不是我胆敢起来叛乱，夏朝的罪恶深重，我听你们也说，夏朝有罪。我畏惧天帝，不敢不去征伐。现在夏桀的罪恶深重，这是上天要诛杀他。现在你们这些人，都说：'我们的君王不体恤我们众人，废弃农事而推行暴政。'你们说：'夏朝有罪，又有什么办法呢？'夏王竭尽民力为他一人服务，掠夺整个夏国的财富。有些民众都懈怠而不愿服从，说：'这个太阳什么时候才会灭亡？我们宁愿和你同归于尽！'夏朝的命数已经衰败到这个地步了，现在我必须前往征伐。你们跟随我执行上天的惩罚，我就会重赏你们。你们不要不相信，我不会说话不守信用。如果你们不服从誓言，我就诛杀你们和你们的子女，绝不宽赦。"汤用这些话号令全军，作《汤誓》。于是汤说"我十分勇武"，号称武王。

桀在有娀氏的故地被打败，逃到鸣条，夏军战败。汤于是攻打三㚇国，获得了那里的宝玉，义伯、仲伯因此作《典宝》。汤战胜夏桀以后，就想要迁移夏朝的社神，没能成功，于是作《夏社》。伊尹向汤报告。这时诸侯都归顺了汤，汤于是登上天子之位，平定了四海。

商周篇

课堂笔记

1. 原文

汤曰："格女众庶，来，女悉听朕言。匪台小子敢行举乱，有夏多罪，予维闻女众言，夏氏有罪。予畏上帝，不敢不正。今夏多罪，天命殛之。今女有众，女曰：'我君不恤我众，舍我啬事而割政。'女其曰：'有罪，其奈何？'夏王率止众力，率夺夏国。众有率怠不和，曰：'是日何时丧？予与女皆亡！'夏德若兹，今朕必往。尔尚及予一人致天之罚，予其大赉女。女毋不信，朕不食言。女不从誓言，予则帑僇女，无有攸赦。"以告令师，作汤誓。于是汤曰"吾甚武"，号曰武王。

桀败于有娀之虚，桀奔于鸣条，夏师败绩。汤遂伐三㚇，俘厥宝玉，义伯、仲伯作《典宝》。汤既胜夏，欲迁其社，不可，作《夏社》。伊尹报。于是诸侯毕服，汤乃践天子位，平定海内。

2. 笔记

笔记区	◆ 汤曰："格女众庶，来，女悉听朕言。
	格：
	女：
	众庶：
	悉：
	朕：
	◆ 匪台小子敢行举乱，有夏多罪，
	匪：
	台：
	小子：

续表

行：
举：
有：
◆ 予维闻女众言，夏氏有罪。
予：
维：
◆ 予畏上帝，不敢不正。今夏多罪，天命殛之。
畏：
上帝：
正：
殛：
◆ 今女有众，女曰：'我君不恤我众，舍我啬事而割政。'
恤：
舍：
啬事：
割政：
◆ 女其曰：'有罪，其奈何？'夏王率止众力，率夺夏国。
其奈何：
率：
止：
夺：
◆ 众有率怠不和，曰：'是日何时丧？予与女皆亡！'

笔记区	怠：	
	和：	
	是：	
	丧：	
	皆：	
	◆夏德若兹，今朕必往。尔尚及予一人致天之罚，予其大理女。	
	若：	
	兹：	
	尔：	
	予一人：	
	致：	
	理：	
	◆女毋不信，朕不食言。	
	毋：	
	食言：	
	◆女不从誓言，予则帑僇女，无有攸赦。"	
	帑：	
	僇：	
	攸：	
	赦：	
	◆以告令师，作汤誓。于是汤曰"吾甚武"，号曰武王。	
	以：	

续表

告：	
令：	
师：	
于是：	
甚武：	

◆ 桀败于有娀之虚，桀奔于鸣条，夏师败绩。

有娀：	
虚：	
奔：	
鸣条：	
败绩：	

◆ 汤遂伐三㚇，俘厥宝玉，义伯、仲伯作《典宝》。

伐：	
三㚇：	
俘厥：	

◆ 汤既胜夏，欲迁其社，不可，作《夏社》。

胜：	
迁：	
社：	

◆ 伊尹报。于是诸侯毕服，汤乃践天子位，平定海内。

报：	
毕：	

续表

笔记区	服：
	践：
	海内：

课后练习

① 成汤为什么要推翻夏桀的统治？

　　A. 成汤想要自己当天子

　　B. 夏桀犯下很多罪行，导致民不聊生，必须有人起来推翻他的统治

② 成汤在讨伐夏桀前，做了什么？

　　A. 什么都没做，直接起兵讨伐

　　B. 进行了誓师大会，明确了战争的正义性和必要性，统一了思想

③ 为什么文章只用了一句话描述夏桀败亡的过程？

　　A. 司马迁在前文已经做了足够的铺垫：夏桀残暴不得人心，成汤贤明且准备充分，夏桀灭亡已不可避免

　　B. 作者词穷墨尽，这里不知道如何下笔

第十四课

文王被囚

课前介绍

上节课我们讲到商汤灭了夏朝，建立了商朝，大约经过500多年，帝辛继位，成为商朝最后一位君主，后世称其商纣王。他在位期间，对内加重赋敛、推行严刑峻法，对外屡次发兵攻打周边诸侯部落，导致天下动荡不安，民众都希望商朝早点灭亡。在传统史学描述中，商纣王沉湎酒色、穷兵黩武、重刑厚敛、不听谏言，是与夏桀并称"桀纣"的著名暴君，终致众叛亲离、身死国灭。而推翻帝辛统治，消灭商朝，建立周王朝的正是这一课要讲到的周文王、周武王父子。

精读精讲

1. 原文

西伯曰文王，遵后稷、公刘之业，则古公、公季之法，笃仁，敬老，慈少。礼下贤者，日中不暇食以待士，士以此多归之。

崇侯虎谮西伯于殷纣曰："西伯积善累德，诸侯皆向之，将不利于帝。"帝纣乃囚西伯于羑里。闳夭之徒患之。乃求有莘氏美女，骊戎之文马，有熊九驷，他奇怪物，因殷嬖臣费仲而献之纣。纣大说，曰："此一物足以释西伯，况其多乎！"乃赦西伯，赐之弓矢斧钺，使西伯得征伐。曰："谮西伯者，崇侯虎也。"西伯乃献洛西之地，以请纣去炮格之刑。纣许之。西伯归，乃阴修德行善，诸侯多叛纣而往归西伯。

2. 实词

(1) 曰：叫作。
(2) 遵：遵行。
(3) 则：动词，效法。
(4) 笃：坚定，忠实。这里是形容词活作动词，切实力行。
(5) 敬：尊敬。

(6) 慈：慈爱。这里是形容词作动词，慈爱地对待。

(7) 礼：礼遇，厚待。

(8) 下：谦下，降低身份去交往。

(9) 贤者：贤明的人，高尚的人。

(10) 日中：正午。

(11) 不暇：没有时间，忙不过来。

(12) 食：动词，吃饭。

(13) 待：招待。

(14) 士：泛指做官者或者读书人，这里指有才能的人。

(15) 归：①（士以此多归之）归附。②（西伯归）返回，回来。

(16) 谮：进谗言，诬陷，说某人的坏话。

(17) 积善累德：积累善行和德业。

(18) 向：奔向，趋向，归向。

(19) 囚：囚禁。

(20) 之徒：这一类人。之，这。

(21) 患：担忧，忧虑。

(22) 文马：有彩色花纹的马。

(23) 驷：古代同驾一辆车的四匹马；套着四匹马的车。

(24) 他奇怪物：其他珍奇、稀有的宝物。他，表示指称，相当于"别的""其他的"。

(25) 因：依托、凭借、通过。

(26) 嬖臣：指受宠幸的近臣。

(27) 之（献之纣）：代词，指前面寻到的礼物。后省略"于"。

(28) 说：通"悦"，高兴。

(29) 此一物：这些东西中的一件。

(30) 释：释放，赦免。

(31) 赦：赦免。

(32) 弓矢：弓箭。

(33) 斧钺：古代兵器。也是军权和统治权的象征。

(34) 得：能够。

(35) 炮格之刑：古代一种酷刑。炮，焚烧。格，通"烙"，燃烧。

(36) 许：答应、应允。

(37) 阴：暗中，暗地里。

(38) 往：到……去。

3. 虚词

(1) 足以：完全可以。足，足够。以，用来。

(2) 况其：何况，况且。况，何况。其，助词。

(3) 者：语气助词，表停顿，并引出下文，常表示判断。

(4) 也：表判断语气。

(5) 而（诸侯多叛纣而往归西伯）：连词，表承接。

4. 句式及语法积累

| ……者，……也 | 判断句式 |

"以"在文言文中常见用法		
用法	例子	例子释义
动词，认为，以为	我以日始出时去人近 ——先秦·列子《两小儿辩日》	我认为太阳刚升起时距离人近
介词，拿，用	愿以十五城请易璧 ——《廉颇蔺相如列传》	（秦昭王）表示愿意用十五座城池交换和氏璧
介词，凭借，靠	以勇气闻于诸侯 ——《廉颇蔺相如列传》	（廉颇）靠英勇善战闻名于诸侯各国
表原因，因为	士以此多归之	士人因此都归附他
表目的，为了，用来	日中不暇食以待士	为了接待贤士，他有时到了中午都顾不上吃饭
表结果，以至于	不宜妄自菲薄，引喻失义，以塞忠谏之路也 ——三国·诸葛亮《出师表》	不应过分地看轻自己，引用的例证不恰当，以至于堵塞忠言进谏的道路

5. 古代文化常识积累

伯仲叔季	指古代兄弟排行的次序，伯是老大，仲是第二，叔是第三，季是最小的。如果有两个兄弟，那就伯仲排。如果三个兄弟，就是伯仲季，没有叔。如果有四个以上，老大、老二和老幺对应伯仲季。其余的都是叔。叔可以有多个，但伯仲季都只能有一个
四民	四民制度，指的是古代中国的四种公民，分别指士（学者）、农、工、商，即指读书的、种田的、做工的、经商的。出自《管子·小匡》。除四种公民外，还有大量的"贱民"，称为"贱籍"阶层
赐弓矢斧钺	《礼记》中记载"赐弓矢，然后征；赐斧钺，然后杀。"斧钺不仅具有征伐的礼意，同时也是治军的重要器物，是战争中重要的刑具。拥有斧钺的诸侯或大臣掌握军队生杀之权。天子将弓矢斧钺赐给一个人，意味着这个人有权不征求天子的同意，就可征伐其他人

6. 原文翻译

西伯被后世称为文王，继承后稷、公刘的事业，遵循古公、公季的法则，笃行仁义，

商周篇

尊敬老人，慈爱幼小。他对贤能的人以礼相待，每天接待士人，到中午还来不及吃饭，很多士人因此来归顺他。

崇侯虎在殷纣的面前陷害西伯说："西伯行善积德，诸侯都归顺他，将会对您不利。"帝纣于是把西伯囚禁在羑里。闳夭等人都非常担心，就去寻求有莘氏的美女，骊戎的彩色骏马，有熊的九辆马车，以及其他奇珍异宝，通过殷商的宠臣费仲而献给纣。纣很高兴，说："这些东西中的任何一件都足以让我释放西伯，何况还有这么多呢！"于是他赦免了西伯，并赏赐给他弓箭和斧钺，让他拥有征伐的大权。纣说："陷害西伯的人，是崇侯虎。"西伯于是献出洛水以西的土地，并请求纣废除炮烙的刑罚。纣应允了。西伯回归，暗中行善积德，许多诸侯背叛纣王而归附西伯。

课堂笔记

1. 原文

西伯曰文王，遵后稷、公刘之业，则古公、公季之法，笃仁，敬老，慈少。礼下贤者，日中不暇食以待士，士以此多归之。

崇侯虎谮(zèn)西伯于殷纣曰："西伯积善累德，诸侯皆向之，将不利于帝。"帝纣乃囚西伯于羑(yǒu)里。闳(hóng)夭之徒患之。乃求有莘氏美女，骊戎之文马，有熊九驷(sì)，他奇怪物，因殷嬖(bì)臣费仲而献之纣。纣大说，曰："此一物足以释西伯，况其多乎！"乃赦西伯，赐之弓矢(shǐ)斧钺(yuè)，使西伯得征伐。曰："谮西伯者，崇侯虎也。"西伯乃献洛西之地，以请纣去炮(páo)格(luò)之刑。纣许之。西伯归，乃阴修德行善，诸侯多叛纣而往归西伯。

2. 笔记

笔记区	◆西伯曰文王，遵后稷、公刘之业，则古公、公季之法，
	曰：
	遵：
	则：
	◆笃仁，敬老，慈少。

续表

笃:	
敬:	
慈:	
◆ 礼下贤者，日中不暇食以待士，士以此多归之。	
礼:	
下:	
贤者:	
日中:	
不暇:	
食:	
以:	
待:	
士:	
归:	
◆ 崇侯虎谮西伯于殷纣曰："西伯积善累德，诸侯皆向之，将不利于帝。"	
谮:	
积善累德:	
向:	
◆ 帝纣乃囚西伯于羑里。	
囚:	
◆ 闳夭之徒患之。乃求有莘氏美女，骊戎之文马，	

笔记区	之徒：	
	患：	
	文马：	
	◆ 有熊九**驷**，**他奇怪物**，**因**殷**嬖臣**费仲而献**之**纣。	
	驷：	
	他奇怪物：	
	因：	
	嬖臣：	
	之：	
	◆ 纣大**说**，曰："**此一物足以释**西伯，**况其**多乎！"	
	说：	
	此一物足以释：	
	况其：	
	◆ 乃**赦**西伯，赐之**弓矢斧钺**，使西伯**得**征伐。	
	赦：	
	弓矢斧钺：	
	得：	
	◆ 曰："谮西伯**者**，崇侯虎**也**。"	
	……者，……也：	
	◆ 西伯乃献洛西之地，以请纣去**炮格之刑**。纣**许**之。	
	炮格之刑：	
	许：	

续表

笔记区	◆ 西伯归，乃阴修德行善，诸侯多叛纣而往归西伯。
	归：
	阴：
	而：

课后练习

1 在古代，如果一家有兄弟五人，则应称之为"叔"的有几人？

　　A．1人

　　B．2人

2 西伯被囚的原因是：

　　A．崇侯虎谮西伯于殷纣曰："西伯积善累德，诸侯皆向之，将不利于帝。"

　　B．西伯要起兵讨伐纣王

3 纣王为什么释放了西伯？

　　A．因为西伯部下给纣王送了很多贵重的礼物

　　B．因为纣王自我反省了一下，觉得自己做错了

商周篇

第十五课

武王伐纣

课前介绍

商朝，又称殷商，是大夏王朝之后，中国历史上第二个王朝，前后相传 17 世 31 王，延续 500 余年。帝辛也就是商纣王，是殷商最后一位君主。据史书记载，纣王沉湎酒色、穷兵黩武、重刑厚敛、拒谏饰非，是与夏桀并称"桀纣"的典型暴君，是后世昏君、暴君的典型形象。但同时也有一些历史学家认为纣王这个形象存在一些争议——他本人可能没有这么昏庸无能，但史学家为了警醒后世君王，把很多其他昏君的行为都附加在纣王身上，使得纣王的昏君形象更加深入人心，也让老百姓更容易区分哪些行为是昏君的作为。这一课，我们就学习一下司马迁笔下的周文王、周武王和商纣王形象的对比。

精读精讲

1. 原文

西伯滋大，纣由是稍失权重。王子比干谏，弗听。商容贤者，百姓爱之，纣废之。及西伯伐饥国，灭之，殷之祖伊闻之，惧，以告帝纣。纣曰："不有天命乎？是何能为！"祖伊反，曰："纣不可谏矣。"西伯既卒，周武王之东伐，至盟津，诸侯叛殷会周者八百。诸侯皆曰："纣可伐矣。"王曰："尔未知天命。"乃复归。

纣愈淫乱不止。微子数谏不听，乃与大师、少师谋，遂去。比干曰："为人臣者，不得不以死争。"乃彊谏纣。纣怒曰："吾闻圣人心有七窍。"剖比干，观其心。箕子惧，乃详狂为奴，纣又囚之。殷之大师、少师乃持其祭乐器奔周。

周武王于是遂率诸侯伐纣。纣亦发兵距之牧野。武王使师尚父与百夫致师，以大卒驰帝纣师。纣师虽众，皆无战之心，心欲武王亟入。纣师皆倒兵以战，以开武王。武王驰之，纣兵皆崩畔纣。纣走，入登鹿台，衣其宝玉衣，赴火而死。

2. 实词

(1) 权重：指权力、权势。

(2) 谏：直言规劝。

(3) 废：废黜，废弃，停止。

(4) 及：等到。

(5) 惧：害怕，恐惧。

(6) 反：通"返"，归来。

(7) 卒：古代指大夫死亡，后为死亡的通称。

(8) 会：会合，会盟。

(9) 尔：代词，你。

(10) 未知：不知道。

(11) 淫乱：荒淫无道。即君主过分贪好酒色，生活糜烂，重用奸佞，残害忠良，奴役百姓。

(12) 大师：即太师，官名，乐工之长。

(13) 少师：官名，乐官太师之佐。

(14) 谋：商议，商量。

(15) 去：离开。

(16) 人臣：臣子，臣下。

(17) 争：通"诤"，谏诤，规劝。

(18) 彊：通"强"，竭力、勉力。

(19) 圣人：指品德最高尚、智慧最高超的人。

(20) 七窍：七个洞。

(21) 详：通"佯"，假装。

(22) 狂：精神失常，疯癫。

(23) 持：拿着。

(24) 其：代词，殷朝的。

(25) 祭乐器：祭祀的乐器。

(26) 奔：逃跑。

(27) 距：通"拒"，抗拒，抵御。

(28) 之：代词，代指周武王。

(29) 牧野：地名，在当时商朝首都朝歌南郊。

(30) 使：派遣。

(31) 师尚父：太师尚父，尊称，即吕尚（姜太公）。

(32) 百夫：古代军队里百人左右的队伍。

(33) 致师：挑战。

(34) 大卒：王之士卒，古代军队编制，指武王的精锐部队。

(35) 众：很多。

(36) 欲：想要，希望。

(37) 亟：急速，赶快。

(38) 倒兵：掉转兵器攻击自己一方，即倒戈。

(39) 开：开路。

(40) 崩：崩溃。

(41) 畔：通"叛"，背叛。

(42) 走：跑，逃跑。

(43) 入：进入，进去。

(44) 衣：动词，穿上。

(45) 赴：跳进，举身投入。

3. 虚词

(1) 滋：更加，愈加，表程度。

(2) 由是：因此。

(3) 稍：逐渐。

(4) 是（是何能为）：助词，帮助宾语提前。

(5) 既：已经。

(6) 者（……会周者八百）：定语后置的标志，"叛殷会周者"为"诸侯"的定语。

(7) 复：又，再。

(8) 愈：更加，越发。

(9) 数：副词，屡次，多次。

(10) 遂：①（遂去）表示最后的结果，终于，到底。
② （周武王于是遂率诸侯伐纣）副词，就。

(11) 不得不：不能不，必须。

(12) 于是：连词，因此。

(13) 而（赴火而死）：表顺承。

4. 句式及语法积累

宾语的省略	文言文中省略宾语是较为常见的语言现象，特别是代词"之"作宾语，常常被省略。当译为现代汉语时，应将省略的内容补充完整。常见的有动词宾语省略和介词宾语省略两种情况。如本文中"以告帝纣"，应为"以（之）告帝纣"
中心词+定语+者	从中学语文教材来看，这类定语后置句最多，且基本上是由动词结构（包括动词和以动词为中心的短语）担任定语。反过来说，由动词结构担任的定语经常后置。翻译为现代汉语时要前置。如本文中"诸侯叛殷会周者"应译为"叛殷会周的诸侯"
疑问代词做宾语要前置	文言文中用疑问代词"谁""何""奚""曷""安""焉"等做宾语时往往放在动词、介词的前面。如本文中"是何能为"，应为"能为何"。"是"是助词，帮助宾语提前

5. 古代文化常识积累

牧野之战	牧野之战是殷商军队和周武王军队的决战，最终武王获胜。史曰武王克殷、武王伐纣
致师	是先秦时候的一种军礼。在双方交战时先派遣勇士与对方单挑，用以鼓舞士气。具体人员安排由主将决定。单挑后再打群体作战
祭器	祭祀礼乐是祭祀时必不可少的一部分。祭乐器只是祭器的一种。祭器不能运出国境。因为祭器不仅是生者用以祭祀先祖和神灵之器，也是地位、身份、权力的标志
殷末三贤	也称殷末三仁，指的是微子、箕子、比干，他们在殷商末年齐名
比干	（前1092—前1029年）本名干，封于比邑（今山西省汾阳市），故称比干，也称王子比干。商王文丁的儿子，商王帝乙的弟弟，商纣王帝辛的叔父，殷商王室的重臣。忠君爱国，为民请命，敢于直言劝谏
微子	名启，纣王的庶兄。宋国（今河南商丘）开国远祖，第一代国君
箕子	官太师，封于箕，在商周政权交替与历史大动荡的时代中，因其道之不得行，其志之不得遂，"违衰殷之运，走之朝鲜"，建立箕子朝鲜

6. 原文翻译

西伯侯的势力因此逐渐强大，商纣王因此逐渐失去了对诸侯的掌控力。王子比干进谏，但商纣王不听。商容是位贤臣，百姓都爱戴他，但商纣王却将他废黜。当西伯侯讨伐饥国并消灭它时，商纣王的臣子祖伊听说后，感到恐惧，于是跑去告诉纣王，商纣王

商周篇

说：“我生来不就是有命在天吗？”祖伊回来后说：“商纣王已经无法劝谏了。”西伯侯死后，周武王姬发东方出征，到达盟津，叛离商朝而会合周国的诸侯有八百个。诸侯们都说：“商纣王可以讨伐了。”周武王说：“你们还不知道天命。”于是率兵返回。

商纣王更加荒淫暴乱，没有止息。微子多次进谏，商纣王不听，于是他与太师、少师商议，最终离去了。比干说：“作为臣子，不得不以死劝谏。”于是强行进谏商纣王。商纣王发怒说：“我听说圣人的心有七窍。”于是剖开比干的胸膛，观看他的心。箕子害怕，于是假装发疯做了奴隶，但商纣王还是把他囚禁起来。殷商的太师、少师于是拿着他们的祭器和乐器投奔了周国。周武王于是率领诸侯讨伐商纣王。商纣王也发兵在牧野抵抗。商纣王的军队大败。周武王命令师尚父和百夫长挑战，并率领大军冲锋陷阵，冲击商纣王的军队。虽然商纣王的军队人数众多，但他们都已经丧失了战斗的意志，内心都希望周武王尽快攻入朝歌。因此，商纣王的军队纷纷调转武器，为周武王开路。周武王率领军队奋勇冲杀，商纣王的军队纷纷崩溃背叛。商纣王见大势已去，只能逃跑，登上鹿台，穿上他的宝玉衣，跳进火里而死。

课堂笔记

1. 原文

西伯**滋**大，纣**由是稍**失权重。王子比干**谏**，弗听。商容贤者，百姓爱之，纣**废**之。**及**西伯伐饥国，灭之，殷之祖伊闻之，**惧**，以告帝纣。纣曰："不有天命乎？**是**何能为！"祖伊**反**，曰："纣不可谏矣。"西伯**既卒**，周武王之东伐，至盟津，诸侯叛殷**会**周**者**八百。诸侯皆曰："纣可伐矣。"王曰："**尔未知**天命。"乃**复**归。

纣**愈淫乱**不止。微子**数**谏不听，乃与**大师**、**少师**谋，**遂去**。比干曰："为**人臣**者，**不得不**以死**争**。"乃**彊**谏纣。纣怒曰："吾闻**圣人**心有**七窍**。"剖比干，观其心。箕子惧，乃**详狂**为奴，纣又囚之。殷之大师、少师乃**持其祭乐器**奔周。

周武王**于是**遂率诸侯伐纣。纣亦发兵**距**之牧野。武王**使师尚父**与**百夫致师**，以大**卒**驰帝纣师。纣师虽**众**，皆无战之心，心**欲**武王**亟**入。纣师皆**倒兵**以战，以**开**武王。武王驰之，纣兵皆**崩畔**纣。纣**走**，**入**登鹿台，**衣**其宝玉衣，**赴**火**而**死。

2. 笔记

- 西伯滋大，纣由是稍失权重。

  滋：

  由是：

  稍：

  权重：

- 王子比干谏，弗听。商容贤者，百姓爱之，纣废之。

  谏：

  废：

- 及西伯伐饥国，灭之，殷之祖伊闻之，惧，以告帝纣。

  及：

  惧：

- 纣曰："不有天命乎？是何能为！"祖伊反，曰："纣不可谏矣。"

  是：

  反：

- 西伯既卒，周武王之东伐，

  既：

  卒：

- 至盟津，诸侯叛殷会周者八百。诸侯皆曰："纣可伐矣。"

  会：

  者：

- 王曰："尔未知天命。"乃复归。

  尔：

续表

		未知：
		复：
		◆纣愈淫乱不止。
		愈：
		淫乱：
		◆微子数谏不听，乃与大师、少师谋，遂去。
		数：
	笔	大师：
		少师：
		谋：
	记	遂去：
		◆比干曰："为人臣者，不得不以死争。"乃彊谏纣。
		人臣：
	区	不得不：
		争：
		彊：
		◆纣怒曰："吾闻圣人心有七窍。"剖比干，观其心。
		圣人：
		七窍：
		◆箕子惧，乃详狂为奴，纣又囚之。
		详：
		狂：

续表

- 殷之大师、少师乃**持**其**祭乐器**奔周。

  持：

  其：

  祭乐器：

- 周武王**于是**遂率诸侯伐纣。纣亦发兵**距**之牧野。

  于是：

  距：

- 武王**使师尚父**与**百夫致师**，以**大卒**驰帝纣师。

  使：

  师尚父：

  百夫：

  致师：

  大卒：

- 纣师虽**众**，皆无战之心，心**欲**武王**亟**入。

  众：

  欲：

  亟：

- 纣师皆**倒兵**以战，以**开**武王。

  倒兵：

  开：

- 武王驰之，纣兵皆**崩畔**纣。

  崩：

	畔：
◆ 纣走，入登鹿台，衣其宝玉衣，赴火而死。	
	走：
	入：
	衣：
	赴：
	而：

课后练习

1 周文王传位给：

    A. 姬发

    B. 周公旦

2 比干谏言纣王的结局是：

    A. 他逃亡到了周国

    B. 他被纣王剖心而死

3 周武王和商纣王决战的地点是：

    A. 牧野

    B. 涿鹿

秦始皇篇

第十六课

年少即位

课前介绍

周文王、周武王父子建立了周朝之后，绵延七百九十年，是我国古代存在时间最长的朝代，周朝分为"西周"与"东周"两个时期。西周由周武王姬发创建，定都镐京，就是今天的陕西西安。公元前770年，周平王东迁，定都洛邑，也就是今天的河南洛阳，此后周朝的这段时期称为东周。东周时期，周王的统治势力减弱，诸侯群雄纷争，齐桓公、晋文公、楚庄王等诸侯相继称霸，这段时间被称为"春秋时期"。春秋时期之后的两百多年间，各诸侯国继续混战不休，战火不断，一直到秦始皇建立大秦王朝，一统华夏，这期间被称为"战国时期"。这一课我们就开始学习千古一帝秦始皇的故事。

精读精讲

1. 原文

秦始皇帝**者**，秦庄襄王**子也**。庄襄王**为**秦**质子于**赵，见吕不韦**姬**，**悦**而**取**之，生始皇。**以**秦昭王四十八年**正月**(zhēng)生于邯郸(hán dān)。**及**生，**名**为政，姓赵氏。年十三岁，庄襄王死，政**代立**(wèi)为秦王。当是之时，秦地已**并**巴、蜀、汉中，**越**宛**有**郢(yuān yǐng)，**置**南郡矣；北**收**上郡以东，有河东、太原、上党郡；东至荥阳(xíng)，灭二周，置三川郡。吕不韦为**相**(xiàng)，**封**十万户，**号**曰文信侯。招致**宾客游士**，欲以并天下。李斯为**舍人**(shè)。蒙骜、王齮、麃公(méng ào / yǐ / biāo)等为将军。王**年少**，**初**即位，**委**国事大臣。

2. 实词

(1) 子：儿子。

(2) 为：① （为秦质子）当，做。

　　② （名为政）叫作，称呼。

(3) 质子：人质。

(4) 姬：妾。

(5) 悦：喜爱。

(6) 取：通"娶"。

(7) 正月：一年的第一个月。西汉时期以后指农历一月。

(8) 及：等到。

(9) 名：取名，起名。

(10) 代：接替，继承。

(11) 立：通"位"。爵次、位次。

(12) 并（并巴、蜀、汉中）：兼并、并吞。

(13) 越：越过、跨越。

(14) 有：取得，获得，占有。

(15) 置：设置。

(16) 收：收取。

(17) 相：相国（秦时称相邦，司马迁为避汉高祖刘邦讳称相国）。战国秦及汉朝廷大臣最高职务。

(18) 封：古时帝王把爵位（有时连土地）或称号赐给臣子的行为。

(19) 十万户：一种特权，享有十万户百姓的食税权。

(20) 号：封号，取号。

(21) 宾客：出谋划策的人。

(22) 游士：从事游说活动的人。

(23) 舍人：门客，依附权贵而为之担当一定职事的人。

(24) 年：岁数，年龄。

(25) 少：年纪轻。

(26) 初：开始。

(27) 委：委托。

3. 虚词

(1) 以：① （以秦昭王四十八年正月）：在，于。
② （欲以并天下）：凭借。

4. 句式及语法积累

判断句式	……者……也。常常翻译成……是……。如本文中"秦始皇帝者，秦庄襄王子也"，应翻译成"秦始皇帝是秦庄襄王的儿子"
状语后置句	于，介词，在，常为状语后置标志。例如本文中"庄襄王为秦质子于赵"应为"庄襄王（于赵）为秦质子"。"生于邯郸"应为"（于邯郸）生"
省略句	"欲以并天下"中的"以"意为"凭借"。这里是省略句，应当为"欲以（之）并天下"。"委国事大臣"应为"委国事（于）大臣"

5. 古代文化常识积累

姬姓含义之变	姬姓，贵族之姓。后来人们将贵族之姓与贵族身份联系起来，所以姬也指对高贵美丽女子的泛称。到了春秋战国时期，姓氏逐渐合二为一，使用情况的混乱导致"姬"在保留原来姓氏、美女之意上又多了妾的含义
姓氏之变	上古时代，姓和氏是分开的，姓区别血缘，氏区别子孙。到了夏商周时期，姓氏保留原有功能以外又多了等级的色彩，只有贵族才能使用。春秋战国以后，姓氏逐渐合二为一。秦国的祖先是嬴姓，后来以国为氏，例如徐氏、终黎氏、秦氏等。又因祖先造父曾被封在赵城，因此为赵氏
质子制度	也称质子外交。将自己的儿子送给其他国家做人质，多为诸侯之子。源于春秋时期，盛于战国。质子成为各国之间表明信用的凭证。在古代，不仅弱国会向强国送质子以免战争，强国也会向弱国送质子换得信任。庄襄王被秦国送去赵国做质子属于强国送质子到弱国的情况
吕不韦	原为商人，后因扶持庄襄王归国即位有功，被封为相国
秦庄襄王	嬴姓，赵氏，本名子异、异人，后名楚或名子楚，秦孝文王（安国君）嬴柱的儿子。在位3年后去世，由秦始皇即位
秦昭王	即秦昭襄王，秦始皇的曾祖父。秦始皇出生时，秦国君主是秦昭王。在位56年
邯郸	战国时期赵国都城
巴、蜀	秦灭巴蜀之战，于秦惠文王更元九年（前316年），秦国张仪、司马错等率军攻灭巴（今四川东部）、蜀（今四川西部）的战争。前316年设置巴郡，郡治江州县（今重庆江北区），设郡守，成都为蜀郡治所。前277年设置蜀郡。秦灭巴蜀，战略上形成对楚的侧翼包围，为而后南进创造了有利态势，也为进一步灭楚和统一六国准备了条件
汉中	秦惠文王更元十三年（前312年），秦将魏章攻打楚的汉中，占领的六百里土地。设置汉中郡，郡治南郑县（今陕西汉中市）

续表

宛	宛县（今河南省南阳）为南阳郡的治所。南阳郡设立于秦昭襄王三十五年（前272年），为秦国夺取楚国之地而设
郢、南郡	郢，楚国都城的代称，类似于"京"，位于湖北省荆州北面离城8公里（一说5公里）的纪南城。秦昭襄王二十九年（前278年）秦将白起拔郢后，火烧楚国都城郢，在故址的东南处修城为郢城。秦设南郡，郢城为南郡治所。（楚国诗人屈原于同年农历五月五日投汨罗江自尽。）
上郡	上郡，古代郡名。据传最早为战国时期魏文侯所置（即前446—前396年间）。秦惠文王十年（前328年）魏献上郡15县于秦，为秦初三十六郡之一，郡治在肤施县（今绥德县）
河东	郡治安邑（今山西夏县西北），原属魏国。秦昭襄王二十一年（前286年）魏献秦河东四百里地，后秦据此设郡
太原	秦庄襄王三年（前247年）始置太原郡，治所在晋阳（太原市区西南汾水东岸），原属赵
上党	郡治长子（今山西长子县西），原分属韩、赵。秦昭襄王四十五年（前262年）韩献秦上党郡，后为赵国所得。三年后秦攻赵复得此地，遂设郡
荥阳	县名，在今河南荥阳市东北，原来属韩。秦庄襄王元年（前249年），秦灭东周国，秦将蒙骜伐韩，取成皋（gāo）、荥阳
二周	即东周国与西周国（两个诸侯国）。周天子到显王时已完全成为傀儡，其仅有的一小片地盘又由其属下的两个贵族分治，东周君都巩（今河南巩义市西），西周君都王城（今河南洛阳市）。西周君于前256年被秦昭襄王所灭，东周君于公元前249年被秦庄襄王所灭
三川郡	秦庄襄王元年（前249年），秦将蒙骜伐韩，取成皋、荥阳后置三川郡，荥阳城属之，以洛阳为治所
食封制（食邑制）	中国古代君主封赐给宗室、外戚和功臣封邑的制度，盛行于周朝。受封者称封君，在封邑内按规定户数征收租税，享受这种特权者谓之"食封"

李斯	投奔秦国时遇上秦庄襄王离世，秦国实权掌握在吕不韦等人手中，转而当吕不韦门客。秦始皇统一六国后，封李斯为相
蒙骜	秦国名将，蒙恬的祖父
王齮	秦国名将，即王龁（hé）
麃公	历史上已经失去其姓名

6. 原文翻译

　　秦始皇帝，是秦国庄襄王赵楚的儿子。庄襄王赵楚曾以质子的身份生活在赵国邯郸城，在那里见到吕不韦的妾，十分喜爱，就娶了她，生了始皇赵政（嬴政）。秦始皇赵政（嬴政）是秦昭襄王嬴稷四十八年（前259）在邯郸出生的。出生后，起名叫政，姓赵。在他十三岁那年，庄襄王赵楚去世，赵政继承王位做了秦王。这时候，秦国的疆域已吞并了巴郡、蜀郡和汉中，跨过宛县占据了楚国的郢都，设置了南郡；往北收取了上郡以东，占据了河东、太原和上党郡；往东到荥阳，灭掉西周、东周两国，设置了三川郡。吕不韦为相国，封十万户，封号是文信侯。招揽宾客游士，想借此吞并天下。李斯为舍人。蒙骜、王齮、麃公等为将军。秦王赵政（嬴政）年纪小，刚刚登上位，把国事委托给大臣们。

课堂笔记

1. 原文

　　秦始皇帝者，秦庄襄王**子**也。庄襄王**为**秦**质子**于赵，见吕不韦姬，**悦**而**取**之，生始皇。**以**秦昭王四十八年**正月**(zhēng)生于邯郸(hán dān)。**及**生，**名**为政，姓赵氏。年十三岁，庄襄王死，政**代立**(wèi)为秦王。当是之时，秦地已**并**巴、蜀、汉中，**越**宛(yuān)**有**郢(yǐng)，**置**南郡矣；北**收**上郡以东，有河东、太原、上党郡；东至荥(xíng)阳，灭二周，置三川郡。吕不韦为相，**封十万户**(xiàng)，**号**曰文信侯。招致**宾客游士**，欲以并天下。李斯为**舍人**(shè)。蒙骜(méng ào)、王齮(yǐ)、麃(biāo)公等为将军。王**年少**，初即位，**委**国事大臣。

2. 笔记

◆ 秦始皇帝者，秦庄襄王子也。

　子：

◆ 庄襄王为秦质子于赵，见吕不韦姬，悦而取之，生始皇。

　为：

　质子：

　姬：

　悦：

　取：

◆ 以秦昭王四十八年正月生于邯郸。

　以：

　正月：

◆ 及生，名为政，姓赵氏。年十三岁，庄襄王死，政代立为秦王。

　及：

　名：

　代：

　立：

◆ 当是之时，秦地已并巴、蜀、汉中，越宛有郢，置南郡矣；

　并：

　越：

　有：

　置：

◆ 北收上郡以东，有河东、太原、上党郡；

续表

笔记区	收：	
	◆ 吕不韦为相，封十万户，号曰文信侯。	
	封：	
	十万户：	
	号：	
	◆ 招致宾客游士，欲以并天下。	
	宾客：	
	游士：	
	◆ 李斯为舍人。蒙骜、王齮、麃公等为将军。王年少，初即位，委国事大臣。	
	舍人：	
	年：	
	少：	
	初：	
	委：	

课后练习

❶ 秦始皇是谁的儿子？

    A. 秦庄襄王   B. 秦孝文王

❷ 秦国的巴蜀、汉中这些地盘是谁打下的？

    A. 秦始皇   B. 秦始皇的祖辈

❸ 嬴政继位时是几岁？

    A. 18岁   B. 13岁

第十七课

收回权力

课前介绍

少年嬴政13岁即位为秦王，当时的情况是，一方面，秦国先辈已经打下了辽阔的疆土，为统一六国奠定了坚实的基础。而另一方面，秦国国内吕不韦为相，独揽大权，并与赵太后、长信侯嫪（lào）毐（ǎi）等一起，架空了嬴政的权力。年少的嬴政面临着统一六国、结束天下战乱纷争的机会，他又是如何解决国家内部问题的？

精读精讲

1. 原文

嫪毐封为长信侯。予之山阳地，令毐居之。宫室车马衣服苑囿驰猎恣毐。事无小大皆决于毐。又以河西太原郡更为毐国。九年，彗星见，或竟天。四月，上宿雍。己酉，王冠，带剑。长信侯毐作乱而觉，矫王御玺及太后玺以发县卒及卫卒、官骑、戎翟君公、舍人，将欲攻蕲年宫为乱。王知之，令相国、昌平君、昌文君发卒攻毐。战咸阳，斩首数百，皆拜爵，及宦者皆在战中，亦拜爵一级。毐等败走。即令国中：有生得毐，赐钱百万；杀之，五十万。尽得毐等。十年，相国吕不韦坐嫪毐免。

2. 实词

(1) 侯：古代公侯伯子男五等爵位的第二等，又为诸侯国国君的通称。

(2) 予：给。

(3) 令：使，让。

(4) 居：居住。

(5) 宫室：原为房屋、住宅的通称，秦汉后只有王者所居才称为宫。

(6) 车马：车和马，交通工具。乘马车出行，古代陆上的主要交通方式之一。

(7) 苑囿：皇家园林。皇帝用来骑射，宴会等的地方。

(8) 驰猎：驱马行猎，即打猎。

(9) 恣：放纵，任凭。

（10）决：决断，决定。

（11）更：改变，改换。

（12）国：封地。

（13）彗星：又称扫帚星，太阳星中的一种小天体，不是流星。古人认为彗星不祥，预示有不好的事情发生。

（14）见：通"现"，出现。

（15）或：代词，有的。

（16）竟天：直至天边；满天。

（17）上：君主，皇帝。这里指秦始皇。

（18）宿：住宿，过夜。

（19）雍：雍城，秦国战国中期以前的旧都，今在陕西凤翔县南。汉代在此设雍县。

（20）己酉：秦始皇九年四月己酉日。

（21）冠：动词，把帽子戴在头上，这里指行冠礼。

（22）带：佩带。

（23）作乱：发动叛乱。

（24）觉：发觉，发现。

（25）矫：假托，诈称。

（26）御玺：专指皇帝的玉印，象征至高无上的权力。御，和皇帝有关的事物。玺，秦代皇帝玉印专用名称，汉代后制度略松，皇后、皇太后、太皇太后及诸侯王的印，也都称为玺。

（27）县卒：雍城的所有士兵。

（28）卫卒：秦王身边的警卫部队。

（29）官骑：驻扎在雍城的国家骑兵。

（30）戎翟：即戎狄，古代少数民族名。西方曰戎，北方曰狄。

（31）君公：统治者，首领。这里指戎狄部落的首领。

（32）舍人：指嫪毐自己门下的管事人员。

（33）蕲年宫：皇帝出行时的住所，在雍城，当时秦王居住于此。

（34）之（王知之）：代词，指嫪毐作乱这个消息。

（35）相国：吕不韦。

（36）昌平君、昌文君：秦国的大臣，与秦王关系至亲者。

（37）发：派遣，派出。

（38）斩：砍。

（39）首：头。

（40）拜：用一定的礼节授予某种名义或结成某种关系，这里是授予。

（41）爵：爵位，官位。

（42）宦者：伺候皇帝及后宫的男性奴仆。

（43）国中：国内。

（44）生得：活捉，生获。得，捕获，抓住。

（45）坐：由……而获罪。

（46）免：罢黜。

3. 虚词

(1) 无：连词，不论，无论。
(2) 于（事无小大皆决于毐）：介词，表示动作、行为的所从，由。
(3) 以（又以河西太原郡更为毐国）：介词，把。
(4) 即（即令国中）：就。
(5) 尽：全部，全都。

4. 句式及语法积累

省略句	"战咸阳"应为"战（于）咸阳" "即令国中"应为"即令（于）国中"
被动句	例句：长信侯毐作乱而觉

5. 古代文化常识积累

嫪毐	原为吕不韦门客，后通过吕不韦认识赵太后，深受赵太后喜爱和信任
山阳	指今河南省的获嘉、沁阳一带，因其地处太行山之南，所以叫"山阳"
河西太原郡	也有"汾西太原郡"一说。这里指将太原郡汾西部分给嫪毐作为领地。太原郡，秦庄襄王设立，现在山西省太原周围，地跨汾（fén）水两岸
古人为何重视星象	一方面，古代君王认为"受命于天"，天象与自己国运息息相关。另一方面，农业、日常生活均受到天气影响。因此天文学在我国古代具有非常显赫的地位
干支纪法	古人常用干支纪法去记载年、月、日、时辰。干支具体分为十天干和十二地支

天干	甲(jiǎ)	乙(yǐ)	丙(bǐng)	丁(dīng)	戊(wù)	己(jǐ)	庚(gēng)	辛(xīn)	壬(rén)	癸(guǐ)	
地支	子(zǐ)	丑(chǒu)	寅(yín)	卯(mǎo)	辰(chén)	巳(sì)	午(wǔ)	未(wèi)	申(shēn)	酉(yǒu)	戌(xū)	亥(hài)

冠礼	古代汉族男子成年礼。一般在男子 20 岁时举行，加"三冠"，称为及冠，即将头发束起来，戴上帽子，以示成年。天子和诸侯加"四冠"，第四冠为加冕。象征权力交接
笄（jī）礼	古代汉族女子成年礼。一般 15 岁时举行，即将头发束起来，戴上簪（zān）子，以示成年
戎狄与秦国的关系	秦国自建国以来，因与戎狄领地相近，不断发生战争，后秦国国力强大，戎、狄部落多对秦国顺从归服，成为秦国统一大业路上的一大助力
二十级军功爵位制	商鞅变法后，秦国的军功爵制更加完善和明确，打破了贵族对于军功的垄断，鼓励平民英勇作战，极大地加强了秦国军队的实力。一共二十个等级。其中明确要求军爵的升迁和斩杀敌方首级数量有关，斩杀的首级越多，军功就越大
公历纪年法	公元，即公历纪年法，也就是我们口中常说的"新历"，是一种源自西方社会的纪年方法。以传说中耶稣基督的生年为公历元年（相当于中国西汉平帝元年）

```
公元前 ←——●————●————●————●——●——→ 公元
         前238年  前237年           2021年 2022年
         秦始皇九年 秦始皇十年
      倒着数，后面比前面小      正着数，后面比前面大
```

6. 原文翻译

　　嫪毐被封为长信侯，赐给他山阳的土地，让他居住在那里。宫室、车马、衣服、园林、打猎都听凭嫪毐的意愿。事情无论大小全由嫪毐决定。又把河西太原郡改为嫪毐的封国。九年（前 238 年），彗星出现了，有的划过整个天空。四月，秦王留宿在雍地。己酉日，秦王举行加冠礼，佩带宝剑。长信侯嫪毐作乱的事被发觉，他盗用秦王赵政的大印和太后的印玺，发动京城部队和侍卫、官骑、戎狄族首领、家臣，企图攻打蕲年宫，发动叛乱。始皇赵政得知后，命令相国昌平君、昌文君发兵攻击嫪毐。在咸阳作战中，（秦王兵）杀死数百人，秦王都授给他们以爵位，连同参战的宦官，也授给爵位一级。嫪毐等人战败逃走。秦王当即通令全国：如谁活捉到嫪毐，赐给赏钱一百万；杀掉他，赐给赏钱五十万。嫪毐等人全部被抓获。十年（前 237 年），相国吕不韦因受嫪毐牵连而被罢官。

第十七课 收回权力

课堂笔记

1. 原文

　　嫪毐封为长信侯。予之山阳地，令毐居之。宫室车马衣服苑囿驰猎恣毐。事无小大皆决于毐。又以河西太原郡更为毐国。九年，彗星见，或竟天。四月，上宿雍。己酉，王冠，带剑。长信侯毐作乱而觉，矫王御玺及太后玺以发县卒及卫卒、官骑、戎翟君公、舍人，将欲攻蕲年宫为乱。王知之，令相国、昌平君、昌文君发卒攻毐。战咸阳，斩首数百，皆拜爵，及宦者皆在战中，亦拜爵一级。毐等败走。即令国中：有生得毐，赐钱百万；杀之，五十万。尽得毐等。十年，相国吕不韦坐嫪毐免。

2. 笔记

笔记区	
◆ 嫪毐封为长信**侯**。**予**之山阳地，**令**毐**居**之。	
	侯：
	予：
	令：
	居：
◆ 宫室车马衣服苑囿驰猎恣毐。事无小大皆决于毐。	
	宫室：
	车马：
	苑囿：
	驰猎：
	恣：

续表

无：

决：

于：

- 又以河西太原郡更为毐国。

更：

国：

- 九年，彗星见，或竟天。

彗星：

或：

竟天：

- 四月，上宿雍。己酉，王冠，带剑。

上：

宿：

雍：

己酉：

冠：

带：

- 长信侯毐作乱而觉，矫王御玺及太后玺以发县卒及卫卒、官骑、戎翟君公、舍人，将欲攻蕲年宫为乱。

作乱：

觉：

矫：

续表

御玺：

县卒：

卫卒：

官骑：

戎翟：

君公：

舍人：

蕲年宫：

◆ 王知之，令相国、昌平君、昌文君发卒攻毐。

之：

相国：

发：

◆ 战咸阳，斩首数百，皆拜爵，及宦者皆在战中，亦拜爵一级。

斩首：

拜：

爵：

宦者：

◆ 毐等败走。即令国中：有生得毐，赐钱百万；杀之，五十万。尽得毐等。

即：

国中：

生得：

笔记区	尽：
	◆ 十年，相国吕不韦坐嫪毐免。
	坐：
	免：

课后练习

❶ 结合前面的课程，你认为封嫪毐为长信侯是谁的意见？

　　A. 秦王嬴政

　　B. 赵太后和吕不韦

❷ 嬴政清除嫪毐势力的策略是：

　　A. 雷厉风行，命令部下向嫪毐发起攻击

　　B. 耐心等待机会，即位 9 年后，终于等到嫪毐叛乱，可以名正言顺地清除嫪毐势力

❸ 嬴政罢黜吕不韦的理由是：

　　A. 嫪毐原为吕不韦的门客，吕不韦受到嫪毐的牵连

　　B. 吕不韦参与了嫪毐的叛乱

第十八课

金钱连横

课前介绍

前面我们讲到年少的秦王嬴政借助长信侯嫪毐叛乱的时机,一举清除国内吕不韦集团的势力,此时秦国兵强马壮,国土辽阔,君臣上下一心,可以说统一全国、结束天下战乱纷争的时机已经完全成熟。嬴政会选择直接出兵统一天下呢,还是会选择其他方式呢?

精读精讲

1. 原文

大梁人尉缭(wèi liáo)来,说(shuì)秦王曰:"**以**秦之**彊**(qiáng),诸侯**譬**(pì)如郡县之君,臣**但恐**诸侯合从(zòng),**翕**(xī)**而出**不**意**,**此乃**智伯、夫差、湣(mǐn)王**之所以亡也**。愿大王**毋**(wú)爱财物,**赂**(lù)**其豪臣**,**以乱其谋**,不过**亡**三十万金,**则**诸侯可**尽**。"秦王**从**其计,见尉缭**亢**(kàng)**礼**,衣服食饮**与**缭同。缭曰:"秦王为人,**蜂准**,长目,**挚鸟膺**(zhì yīng),**豺**(chái)**声**,**少**(shǎo)**恩**而**虎狼心**,**居约易出人下**,得志亦**轻食人**。我**布衣**,然见我常**身自**下我。**诚使**秦王**得志**于天下,天下皆为**虏**(lǔ)矣。不可与久**游**。"乃亡去。秦王觉,**固止**,**以为**秦国尉,**卒**用其计策。

2. 实词

(1) 大梁:现在的河南省开封市,当时为魏国都城。

(2) 彊:通"强",强大。

(3) 恐:担心。

(4) 翕:聚合。

(5) 出:军队出动。

(6) 意:意料,猜测。

(7) 此(此乃智伯……之所以亡也):这,指代上句提到的"合纵"。

(8) 之所以:……的原因。

(9) 亡:①(此乃智伯……之所以亡也)灭亡。

②(不过亡三十万金)失去。

③(亡去)逃离。

(10) 愿：希望。
(11) 赂：赠送财物，用财物买通别人帮自己做事。
(12) 豪臣：权贵大臣。
(13) 乱：扰乱，打乱。
(14) 其（以乱其谋）：指代各诸侯。
(15) 谋：计谋，指"合纵"。
(16) 尽：消灭，消失。
(17) 从：听从。
(18) 亢礼：行对等之礼。
(19) 蜂准：准指鼻子，蜂准指鼻子尖削。
(20) 挚鸟膺：挚通"鸷"，猛禽，膺指胸，挚鸟膺意思是胸脯长得像猛禽，指胸部向前突出。

(21) 少：缺少。
(22) 恩：仁德。
(23) 虎狼心：贪残暴虐之心。
(24) 居约：在穷困的时候。
(25) 易出人下：容易居人之下，即礼贤下士。
(26) 轻食人：不把吃人当成一回事。
(27) 布衣：庶人之服，借指平民。
(28) 身自：亲自。
(29) 得志：完成志愿。
(30) 虏：俘虏。
(31) 游：交往。
(32) 固止：执意挽留。

3. 虚词

(1) 以：① （以秦之彊）：介词，凭，按。
　　　② （以乱其谋）：表目的，用来。
　　　③ （以为秦国尉）：应为"以之为"，让……做。
(2) 譬如：比如。
(3) 但：只是。
(4) 而（禽而出不意）：助词，表修饰关系，地。

(5) 也（此乃智伯……之所以亡也）：判断句标志。
(6) 毋：不要。
(7) 则（则诸侯可尽）：表转折，却。
(8) 与：和。
(9) 诚使：假如，如果。
(10) 卒：终于，最终。

4. 句式及语法积累

判断句式	例句：此乃智伯、夫差、湣王之所以亡也
省略句	"以为秦国尉"应为"以（之）为秦国尉"

续表

外貌描写	外貌描写是人物描写的方法之一。是根据人物的容貌、衣着、仪态等进行描述，揭示人物的思想性格，加深读者印象
议论文论证	基本结构层次——三段式。引论（提出问题）——本论（分析问题）——结论（解决问题）

5. 古代文化常识积累

尉缭	魏国人，名缭，历史上失其姓，因为他后来在秦国做国尉，所以叫尉缭
国尉	秦国的最高军事长官
郡县制	郡县制源于春秋时期，一开始县比郡大，后来郡比县大。秦朝统一六国后，在全国境内推行郡县制。郡守和县令由皇帝直接任免，加强了中央集权。秦始皇是第一个将郡县制推行到全国的人
合纵连横	合纵连横是春秋战国时期伟大的战略。合纵："弱弱联手去攻强"，防止被强国吞并。连横："强弱联手攻他弱"，联合强国吞并其他弱国。合纵连横实际上都是为了兼并土地
智伯	荀瑶，春秋末年晋国卿大夫，控制晋国政权，原想联合韩魏攻赵，后反被韩赵魏联合起来灭掉，史称"三家分晋"。在历史上，"三家分晋"被视为春秋之终、战国之始的分水岭
夫差	春秋时期吴王，在派兵攻打晋国期间被越王勾践出其不意地攻占了吴国国都，切断吴军归路。夫差与晋国言和，罢兵而归。归国的吴王夫差又被迫与越王勾践谈和。吴国经此一战一蹶不起，最终被勾践灭国
湣王	春秋时期齐国君主，在位期间，国力强盛，即位之后，掀起秦齐争霸的斗争，一度自称东帝（秦昭王自称西帝）。五国伐齐（魏国、韩国、赵国、秦国、燕国），齐国大败，齐湣王逃亡被杀。五国伐齐后齐国衰落，秦国一家独大

6. 原文翻译

　　大梁人尉缭来到秦国，劝秦王说："以秦国的强盛，诸侯就像郡县的长官，我只担心诸侯合纵，联合起来对秦进行出其不意的袭击，这就是智伯、夫差、愍王败亡的原因。希望大王不要吝惜财物，以此贿赂各国有权势的大臣，来破坏他们的计划，这样只不过损失三十万金，却能够将诸侯彻底消灭。"秦王听从了尉缭的建议，每次接见他的时候都平礼相待，服饰、饮食也与他一样。尉缭说："秦王这个人，长着高鼻梁，长眼睛，猛禽一样的胸膛，豺狼一样的声音，少恩德而有虎狼一样的心肠，在穷困时不难屈居人下，在得志后也能轻易将人吞食。我是一个平民，然而他接见我时经常居我之下。假如秦王能够如愿统一天下，那么天下人就都变成他的俘虏了。不能和他长期相处。"尉缭于是逃跑了。秦王发现之后，坚决挽留他，任命他为秦国的国尉，最终采用了他的计策。

课堂笔记

1. 原文

　　大梁人尉(wèi)缭(liáo)来，说(shuì)秦王曰："以秦之彊(qiáng)，诸侯譬(pì)如郡县之君，臣但恐诸侯合从(zòng)，翕(xī)而出不意，此乃智伯、夫差(chāi)、湣(mǐn)王之所以亡也。愿大王毋(wú)爱财物，赂(lù)其豪臣，以乱其谋，不过亡三十万金，则诸侯可尽。"秦王从其计，见尉缭亢(kàng)礼，衣服食饮与缭同。缭曰："秦王为人，蜂准，长目，挚(zhì)鸟膺(yīng)，豺(chái)声，少(shǎo)恩而虎狼心，居约易出人下，得志亦轻食人。我布衣，然见我常身自下我。诚使秦王得志于天下，天下皆为虏(lǔ)矣。不可与久游。"乃亡去。秦王觉，固止，以为秦国尉，卒用其计策。

2. 笔记

笔记区	
	◆ 大梁人尉缭来，说秦王曰："以秦之彊，诸侯譬如郡县之君，
	以：
	彊：
	譬如：

续表

- 臣**但恐**诸侯合从，**翕而**出不**意**，

  但：

  恐：

  翕：

  而：

  意：

- **此**乃智伯、夫差、湣王**之所以亡也**。

  此：

  之所以：

  亡：

  也：

- **愿**大王**毋**爱财物，**赂**其**豪臣**，以**乱其谋**，

  愿：

  毋：

  赂：

  豪臣：

  乱：

  其：

  谋：

- 不过亡三十万金，**则**诸侯可**尽**。"

  则：

  尽：

续表

- ◆ 秦王**从**其计，见尉缭**亢礼**，衣服食饮**与**缭同。

  从：

  亢礼：

  与：

- ◆ 缭曰："秦王为人，**蜂准**，长目，**挚鸟膺**，豺声，

  蜂准：

  挚鸟膺：

- ◆ **少恩**而**虎狼心**，**居约易出人下**，得志亦**轻食人**。

  少：

  恩：

  虎狼心：

  居约：

  易出人下：

  轻食人：

- ◆ **我布衣**，然见我常**身自**下我。

  布衣：

  身自：

- ◆ **诚使**秦王**得志**于天下，天下皆为**虏**矣。不可与久**游**。"

  诚使：

  得志：

  虏：

  游：

续表

◆ 乃亡去。秦王觉，固止，以为秦国尉，卒用其计策。
固止：
以为：
卒：

课后练习

1 大梁人尉缭的担忧是什么？

　　A. 担心其他六国联合起来，一起对付强大的秦国

　　B. 担心秦国联合其他强国，一起消灭另外的弱国

2 尉缭认为嬴政是怎样的人？

　　A. 野心狠毒，利益至上，不能长期交往

　　B. 礼贤下士，宽待容人

第十九课

统一大业

课前介绍

秦王嬴政掌握国家政权后，他采纳了尉缭的建议，通过分化六国，制定了"笼络燕齐，稳住魏楚，消灭韩赵，远交近攻，各个击破"的统一策略，用了不到10年的时间，消灭战国七雄，结束了持续数百年的战乱，实现了中华民族的大一统。因其丰功伟绩，秦始皇也被称为"千古一帝"。

精读精讲

1. 原文

秦初并天下，令丞相、御史曰："异日韩王纳地效玺，请为藩臣，已而倍约，与赵、魏合从畔秦，故兴兵诛之，虏其王。寡人以为善，庶几息兵革。赵王使其相李牧来约盟，故归其质子。已而倍盟，反我太原，故兴兵诛之，得其王。赵公子嘉乃自立为代王，故举兵击灭之。魏王始约服入秦，已而与韩、赵谋袭秦，秦兵吏诛，遂破之。荆王献青阳以西，已而畔约，击我南郡，故发兵诛，得其王，遂定其荆地。燕王昏乱，其太子丹乃阴令荆轲为贼，兵吏诛，灭其国。齐王用后胜计，绝秦使，欲为乱，兵吏诛，虏其王，平齐地。寡人以眇眇(miǎo)之身，兴兵诛暴乱，赖宗庙之灵，六王咸伏其辜，天下大定。今名号不更，无以称(chèn)成功，传后世。其议帝号。"

2. 实词

(1) 并：兼并、吞并。

(2) 丞相：这里指王绾(wǎn)。

(3) 御史：御史大夫，有监察、纠弹的权力，这里指冯劫(jié)。

(4) 异日：以往，以前。

(5) 纳：交纳，贡献。

(6) 效：献出。

(7) 藩臣：拱卫王室之臣，这里指韩国

做秦国的附属国。

(8) 已而：不久。

(9) 倍：通"背"，违背。

(10) 约：名词，约定，预先商定共同遵守的条件、盟约。

(11) 合从：通"合纵"。

(12) 畔：通"叛"，背叛。

(13) 诛：征伐，讨伐。

(14) 虏：动词，俘虏，俘获。

(15) 以为：认为。

(16) 善：好。

(17) 息：停止。

(18) 兵革：战争。

(19) 使：①（赵王使……约盟）派，让。②（绝秦使）使臣，使者。

(20) 约盟：缔结盟约。

(21) 归：送回，归还。

(22) 质子：人质。

(23) 反：反叛。

(24) 太原：秦庄襄王三年（公元前247年）始置太原郡，治所在晋阳（太原市区西南汾水东岸），原属赵。

(25) 得：抓获，俘获。

(26) 举兵：派兵。

(27) 始：开始，起初。

(28) 服：归服，服从。

(29) 袭：袭击。

(30) 破：打败。

(31) 荆王：楚王。荆，楚国别称。

(32) 青阳：现在的湖南省长沙市。

(33) 南郡：秦国当时的一个行政单位，在今湖北省。

(34) 定：平定。

(35) 昏乱：昏庸无道。

(36) 阴：暗中。

(37) 贼：刺客。

(38) 绝：断绝。

(39) 为乱：作乱，造反。

(40) 平：平定。

(41) 眇眇：微小，卑小，这里是谦词。

(42) 赖：凭借、靠。

(43) 伏其辜：承认他们的罪行，受到应有的惩罚。

(44) 名号：称号。这里指"王"这个称号。

(45) 称：相当，相配。

(46) 议：商议，讨论。

(47) 帝号：皇帝的称号。

3. 虚词

(1) 初：才，刚刚。

(2) 庶几：或许可以。

(3) 故：所以。

(4) 乃：①（赵公子嘉乃自立为代王）竟然。②（其太子丹乃阴令荆轲为贼）

于是，就。
(5) 遂：最后，终于。
(6) 咸：都。

(7) 以（无以称成功）：凭借，用。
(8) 其（其议帝号）：还是……表示委婉地商量。

4. 句式及语法积累

省略句及状语后置句	"反我太原"应为"（于）太原反我"

5. 古代文化常识积累

秦统一六国顺序	
灭韩	公元前 233 年，韩王请为秦国藩臣。公元前 230 年，秦国派韩国降将内史腾攻打韩国，活捉韩王安，韩国灭亡
灭赵	公元前 228 年，秦国攻陷邯郸，俘虏了赵王迁。他的哥哥赵嘉和其他士大夫逃亡到代（山西代县），赵嘉被拥立为赵代王。前 222 年，秦军攻灭赵代王嘉。有人认为赵国邯郸灭代表赵国灭亡。也有人认为代王嘉灭亡才代表赵国灭亡。一般默认为前者
灭魏	公元前 225 年，秦将王贲（bēn）（王翦儿子）以水淹之计攻破大梁，魏王投降，魏国灭亡
灭楚	秦国先派李信攻楚，败，后派王翦。公元前 223 年，王翦大败楚军，俘虏楚君负刍（chú）。项燕扶持的熊启也很快被俘杀，楚国灭亡
灭燕	公元前 227 年，燕太子丹派荆轲刺秦王政。结果刺杀秦王未遂，成为秦国开战的借口。公元前 226 年，秦大将军王翦率军占领燕国半壁江山。燕王杀太子丹退居辽东以求和。公元前 222 年，秦王政派王贲率军进攻辽东，俘虏了燕王喜，燕国灭亡
灭齐	公元前 221 年，秦王以齐拒绝秦使者访齐为由，命王贲率领秦军伐齐。秦军避开齐军西部主力，由原来燕国的南部南下直奔齐都临淄。齐军面对秦军突然从北面来攻，措手不及。齐王不战而降，齐国灭亡

续表

李牧	是赵国末期赖以支撑危局的唯一良将，素有"李牧死，赵国亡"之称，与白起、王翦、廉颇并称"战国四大名将"。因中了秦国的离间计，赵王剥夺了李牧兵权并且将其杀害
太子丹	燕国太子，少年时曾在赵国做人质，与嬴政少年时交好。后又被派往秦国为质，此时嬴政已经为秦王，对其不好，逃回燕国。为阻止秦国攻燕，与荆轲谋划刺杀秦王，以失败告终。燕国灭亡后，逃亡的燕王为活命杀了太子丹
荆轲	战国著名的刺客，与太子丹交好。后前往秦国刺杀秦王，失败，亡
后胜	人名，齐国宰相。为人贪婪，在秦国的不断贿赂之下，多次劝齐王顺从秦国，并且对其余五国袖手旁观，自己也不要加强战备。齐王听从了他的建议。最后秦国来攻时不战而降

6. 原文翻译

　　秦国刚刚统一天下，秦王对丞相、御史下令说："昔日韩王进献土地，交出印玺，请求成为秦国的藩臣，不久就违背了约定，与赵国、魏国合纵反叛秦国，所以我发兵讨伐韩国，俘虏韩王。我认为这样做很好，或许可以平息战争。赵王派他的相国李牧前来缔结盟约，因此我归还赵国的质子。不久赵国违背盟约，在我国太原反叛，因此我发兵惩罚赵国，擒获赵王。赵国的公子嘉于是自立为代王，因此我发兵去消灭他。魏王最初约定向秦国臣服，不久又同韩国、赵国谋划袭击秦国，秦国的将士前往惩罚他们，于是将他们打败。楚王割让青阳以西的土地，不久也违背约定，攻打我国的南郡，因此我发兵惩罚楚国，擒获楚王，最终平定楚地。燕王昏庸悖乱，他的太子丹暗中指使荆轲为刺客，我派出将士惩罚他们，灭掉燕国。齐王采用后胜的计谋，断绝与秦国的往来，想要作乱，我派出将士惩罚他们，俘虏齐王，平定齐地。我凭借微不足道的身躯，发兵讨伐暴乱的国家，仰赖祖宗的威灵，六国之王都认罪伏法，天下完全平定了。现在不改变名号，就无法匹配我所创建的功勋，从而流传后世。请群臣商议帝王称号的事情。"

课堂笔记

1. 原文

　　秦初并天下，令丞相、御史曰："异日韩王纳地效玺，请为藩臣，已而倍约，与赵、魏合从畔秦，故兴兵诛之，虏其王。寡人以为善，庶几息兵革。赵王使其相李牧来约盟，故归其质子。已而倍盟，反我太原，故兴兵诛之，得其王。赵公子嘉乃自立为代王，故举兵击灭之。魏王始约服入秦，已而与韩、赵谋袭秦，秦兵吏诛，遂破之。荆王献青阳以西，已而畔约，击我南郡，故发兵诛，得其王，遂定其荆地。燕王昏乱，其太子丹乃阴令荆轲为贼，兵吏诛，灭其国。齐王用后胜计，绝秦使，欲为乱，兵吏诛，虏其王，平齐地。寡人以眇(miǎo)眇之身，兴兵诛暴乱，赖宗庙之灵，六王咸伏其辜，天下大定。今名号不更，无以称(chèn)成功，传后世。其议帝号。"

2. 笔记

笔记区	
	◆ 秦初并天下，令丞相、御史曰："异日韩王纳地效玺，请为藩臣，
	初：
	并：
	丞相：
	御史：
	异日：
	纳：
	效：
	藩臣：
	◆ 已而倍约，与赵、魏合从畔秦，故兴兵诛之，虏其王。
	已而：

续表

倍：

约：

合从：

畔：

诛：

虏：

◆ 寡人以为善，庶几息兵革。

以为：

善：

庶几：

息：

兵革：

◆ 赵王使其相李牧来约盟，故归其质子。

使：

约盟：

故：

归：

质子：

◆ 已而倍盟，反我太原，故兴兵诛之，得其王。

反：

得：

◆ 赵公子嘉乃自立为代王，故举兵击灭之。

	乃:
	举兵:
	◆ 魏王始约服入秦，已而与韩、赵谋袭秦，秦兵吏诛，遂破之。
	始:
	服:
	袭:
	遂:
	破:
笔记区	◆ 荆王献青阳以西，已而畔约，击我南郡，故发兵诛，得其王，遂定其荆地。
	荆王:
	青阳:
	南郡:
	定:
	◆ 燕王昏乱，其太子丹乃阴令荆轲为贼，兵吏诛，灭其国。
	昏乱:
	阴:
	贼:
	◆ 齐王用后胜计，绝秦使，欲为乱，兵吏诛，虏其王，平齐地。
	绝:
	使:
	为乱:

续表

	平：
	◆ 寡人以眇眇之身，兴兵诛暴乱，赖宗庙之灵，六王咸伏其辜，天下大定。
	眇眇：
	赖：
	咸伏其辜：
	◆ 今名号不更，无以称成功，传后世。其议帝号。"
	名号：
	称：
	其：
	议：
	帝号：

课后练习

❶ 秦国消灭的第一个国家是：

　　A．韩国

　　B．赵国

❷ 秦国消灭的最后一个国家是：

　　A．楚国

　　B．齐国

第二十课

皇帝称号

课前介绍

秦王嬴政统一了中国之后和众大臣就帝王称号的问题展开了讨论，那么，大臣们的建议是什么？皇帝这个称号又是如何产生的？为什么秦王嬴政又被称为始皇帝？本课中，让我们一起回到秦始皇和众大臣讨论的现场，通过司马迁的文字去感受一下秦始皇的雄心和野心。

精读精讲

1. 原文

丞相绾、御史大夫劫、廷尉斯等皆曰："昔者五帝地方千里，其外侯服夷服诸侯或朝或否，天子不能制。今陛下兴义兵，诛残贼，平定天下，海内为郡县，法令由一统，自上古以来未尝有，五帝所不及。臣等谨与博士议曰：'古有天皇，有地皇，有泰皇，泰皇最贵。'臣等昧死上尊号，王为'泰皇'。命为'制'，令为'诏'（zhào），天子自称曰'朕'。"王曰："去'泰'，著（zhuó）'皇'，采上古帝位号，号曰'皇帝'。他如议。"制曰："可。"追尊庄襄王为太上皇。制曰："朕闻太古有号毋谥（shì），中古有号，死而以行为谥。如此，则子议父，臣议君也，甚无谓，朕弗（fú）取焉。自今已来，除谥法。朕为始皇帝。后世以计数，二世三世至于万世，传之无穷。"

2. 实词

(1) 丞相：国家最高行政长官，协助处理全国政事。这里指王绾。

(2) 御史大夫：负责监察、纠弹事务。这里指冯劫。

(3) 廷尉：九卿之一，全国最高的司法长官，掌司法刑狱。这里指李斯。

(4) 昔者：往日，从前。

(5) 五帝：有多种说法。通常指黄帝轩

辕氏、帝喾高辛氏、颛顼高阳氏、帝尧陶唐氏、帝舜有虞氏。

(6) 其：代词，指天子所居的皇城。

(7) 侯服夷服：按照周制，天子所居京城以外直径一千里的地方为王畿（jī），再往外分为九。服，由近及远，每隔五百里为一服。这里"侯服、夷服"指王畿以外的远近地区。

(8) 或：代词，有的。

(9) 朝：朝见，朝拜。

(10) 制：控制。

(11) 兴：派遣，发动。

(12) 义兵：为正义而战的军队。

(13) 诛：征伐，讨伐。

(14) 残贼：残暴作乱的人。

(15) 天下：指全国。

(16) 海内：指全国。

(17) 郡县：指在全国设立郡县制，加强中央对地方的管理。

(18) 法令：法律、政令等的总称。

(19) 由：遵从，归属。

(20) 一统：统一。

(21) 上古：远古时代。

(22) 及：比得上，能与……相比。

(23) 谨：恭敬，郑重。

(24) 博士：官名，博通古今的人，掌参谋，议论。

(25) 天皇、地皇、泰皇：即"三皇"，传说中五帝以前的三个帝王。也有说法称泰皇就是人皇。

(26) 昧死：冒着死罪上言，秦汉间群臣上书常用的谦词，以表敬畏。

(27) 上：献上，呈上。

(28) 尊号：这里指皇帝的一种称呼。

(29) 制：制书，一般为有关重要制度方面的皇帝文告，通常宣示百官。

(30) 诏：诏书，一般对具体人具体事件颁布的文告命令，通常昭告天下。

(31) 去：除去，去掉。

(32) 著：附着，这里指留下、保留。

(33) 采：采取，选择。

(34) 他：代词，其他的，别的。

(35) 如（他如议）：按照、依照。

(36) 追尊：为死者追加尊号。

(37) 太古：远古，上古，这里应为三皇五帝时期。

(38) 毋：通"无"，没有。

(39) 中古：这里应为夏商周时期。

(40) 行：言行举止。

(41) 取：采取，选用。

(42) 除：除去，去掉。

(43) 以计数：由此计算。数，算。

(44) 至于：达到。

(45) 传：传承，传递。

(46) 无穷：没有止境，没有限度。

3. 虚词

(1) 外：副词，以外。

(2) 而（死而以行为谥）：表示承接关系，不译。

(3) 以：① （死而以行为谥）依照、按照。

② （后世以计数）从，由。

(4) 则（则子议父，臣议君也）：就。

(5) 弗：不。

(6) 焉（朕弗取焉）：语气助词。

(7) 已：通"以"。

4. 句式及语法积累

对比手法	将具有明显差异、矛盾和对立的双方安排在一起，进行对照比较，用以突出所表示事物的特征，加强文章感染力。如袁枚所写一诗《所见》中，通过牧童遇蝉前散漫高歌的状态和遇蝉想捕捉时的小心翼翼做对比，突出牧童的天真活泼、聪明伶俐

5. 古代文化常识积累

天子	古以君权为神所授（受命于天），故称帝王为天子
陛下	陛：帝王宫殿的台阶。原指站在台阶下的侍者，后指帝王的尊称
周朝区域等级	按照周制，天子所居京城以外直径一千里的地方为王畿（jī），再往外分为九服，由近及远，每隔五百里为一服。从近到远分别为：侯服、甸服、男服、采服、卫服、蛮服、夷服、镇服、藩服
古代常见的帝号	
尊号	皇帝生前大臣对其的称呼
谥号	皇帝死后，后世对皇帝评价的称呼
庙号	汉朝设立，皇帝死后入庙时给的称号，供奉太庙的排位。有"祖有功，宗有德"的说法。如唐太宗，唐高祖
年号	封建王朝纪年的方式，由皇帝决定。汉武帝即位后始创年号，如建元、元光……在此之前没有年号，用王的谥号纪年，如秦惠文王二年

6. 原文翻译

丞相王绾、御史大夫冯劫、廷尉李斯等人都说："从前五帝统治方圆千里的地方，外围侯服、夷服等地的诸侯是否前来朝贡，天子不能控制。现在陛下发动正义之师，诛杀乱臣贼子，平定天下，四海之内都成为郡县，法令都由陛下一人发布，自从上古以来也没有这样的事情，是五帝所不能比的。我们谨慎地与博士商议说：'古时候有天皇，有地皇，有泰皇，泰皇最尊贵。'我们冒死献上尊号，大王称'泰皇'，教命称'制'，号令称'诏'，天子自称'朕'。"秦王说："去掉'泰'字，保留'皇'字，采用上古时代的'帝'这一称号，称为'皇帝'。其他的都按照群臣商议的办。"制命说："可以。"始皇追尊庄襄王为太上皇。制命说："我听说远古时代有名号而没有谥号，中古时代有名号，死后根据他生前的行为追加谥号。像这样，就是儿子议论父亲，大臣议论君主，很没有意义，我不采取这种做法。从现在开始，废除追加谥号的做法。我是始皇帝，后世用数字计算，二世、三世一直到万世，永远传承下去。"

课堂笔记

1. 原文

丞相绾、御史大夫劫、廷尉斯等皆曰："昔者五帝地方千里，其外侯服夷服诸侯或朝或否，天子不能制。今陛下兴义兵，诛残贼，平定天下，海内为郡县，法令由一统，自上古以来未尝有，五帝所不及。臣等谨与博士议曰：'古有天皇，有地皇，有泰皇，泰皇最贵。'臣等昧死上尊号，王为'泰皇'。命为'制'，令为'诏'，天子自称曰'朕'。"王曰："去'泰'，著'皇'，采上古帝位号，号曰'皇帝'。他如议。"制曰："可。"追尊庄襄王为太上皇。制曰："朕闻太古有号毋谥，中古有号，死而以行为谥。如此，则子议父，臣议君也，甚无谓，朕弗取焉。自今已来，除谥法。朕为始皇帝。后世以计数，二世三世至于万世，传之无穷。"

2. 笔记

笔记区	
◆ 丞相绾、御史大夫劫、廷尉斯等皆曰："昔者五帝地方千里，	
昔者：	
五帝：	
◆ 其外侯服夷服诸侯或朝或否，天子不能制。	
其：	
外：	
侯服夷服：	
或：	
朝：	
天子：	
制：	
◆ 今陛下兴义兵，诛残贼，平定天下，海内为郡县，法令由一统，	
陛下：	
兴：	
义兵：	
诛：	

续表

残贼：
天下：
海内：
郡县：
法令：
由：
一统：
◆ 自**上古**以来未尝有，五帝所不**及**。
上古：
及：
◆ 臣等**谨**与**博士**议曰：'古有**天皇**，有**地皇**，有**泰皇**，泰皇最贵。'
谨：
博士：
天皇、地皇、泰皇：
◆ 臣等**昧死上尊号**，王为'泰皇'。
昧死：
上：
尊号：
◆ 命为'**制**'，令为'**诏**'，天子自称曰'朕'。"
制：
诏：
◆ 王曰："**去**'泰'，**著**'皇'，**采**上古帝位号，号曰'皇帝'。

	去：	
	著：	
	采：	
	◆ 他如议。"制曰："可。"追尊庄襄王为太上皇。	
	他：	
	如：	
	追尊：	
笔记区	◆ 制曰："朕闻太古有号毋谥，中古有号，死而以行为谥。	
	太古：	
	毋：	
	谥：	
	中古：	
	而：	
	以：	
	行：	
	◆ 如此，则子议父，臣议君也，甚无谓，朕弗取焉。自今已来，除谥法。	
	如此：	
	则：	
	弗：	
	取：	
	焉：	
	已：	

续表

除：	
◆ 朕为始皇帝。后世以计数，二世三世至于万世，传之无穷。"	
计数：	
至于：	
传：	
无穷：	

课后练习

❶ 王绾、冯劫、李斯为什么建议嬴政叫"泰皇"？

　　A. 因为"泰皇"听着和我们的泰山一样霸气

　　B. 因为古时候有"天皇、地皇、泰皇"，其中泰皇最尊贵

❷ "皇帝"这个称号的由来是：

　　A. 上古时期帝王的称号，秦始皇之前已经存在

　　B. 秦始皇取"三皇"的皇和"五帝"的帝组成帝王的新称号，表示自己的功绩超越古时的三皇五帝

第二十一课

统治之策

课前介绍

秦始皇除了统一中国、成为有史以来第一位皇帝外，他还做了哪些贡献，才被后人尊称为"千古一帝"？在政治上，他推行三公九卿制，设郡县制，这些制度巩固了中央集权，维护了国家统一，一直被沿用到清朝；在文化上，推行书同文，车同轨，统一货币、度量衡等，加速了民族融合，保证了中华民族同文同种的文化传承；在军事上，修筑万里长城，抵御北方匈奴的威胁；在民生水利上，修建灵渠，加强岭南地区与中原地区的文化贸易交流。这些成就，不仅仅让大秦王朝成为一个强大的帝国，也深刻影响了后世的各朝各代。

精读精讲

1. 原文

分天下以为三十六郡，郡置守、尉、监（jiàn）。更名民曰"黔首"。大酺（pú）。收天下兵，聚之咸阳，销以为钟鐻（jù），金人十二，重各千石，置廷宫中。一法度衡石丈尺，车同轨，书同文字。地东至海暨（jì）朝鲜，西至临洮（táo）、羌（qiāng）中，南至北向户，北据河为塞，并阴山至辽东。

2. 实词

(1) 分：分开，分成。

(2) 郡：行政区域，相当于现在的省。

(3) 置（郡置守、尉、监）：设立，设置。

(4) 守：郡守，古代官职名，负责一郡政务。

(5) 尉：郡尉，古代官职名，负责一郡的军事、治安等工作。

(6) 监：古代官名或官府名，如国子监。这里指郡监，负责监察一郡政务。

(7) 更：改变，更换。

(8) 黔：黑色。

(9) 首：头。

(10) 酺：聚饮。

（11）收：聚集，收集。

（12）兵：兵器，当时多为铜制，亦有少量为铁制者。

（13）聚：聚集、集合。

（14）咸阳：战国时期秦国和秦朝的都城，地跨现在的西安市和咸阳市。

（15）销：熔化。

（16）以为（销以为钟鐻）：用作。

（17）钟鐻：夹（jiā）钟，也是编钟的一种。有学者认为钟鐻和金人是一起的，金人是举着钟鐻的架子。

（18）金人：铜人。秦十二铜人现在下落不明。

（19）石：①（重各千石）：这里是重量单位，一百二十市斤为一石。②（一法度衡石丈尺）：容量单位，十斗为一石。计算容量器物叫作量（liàng）。

（20）廷宫：宫廷。

（21）一：统一。

（22）法：法令、法律。

（23）度：计算长度的标准。常见的单位有寸、尺、丈等。

（24）衡："衡"是秤砣，计算重量的器物。常见的单位有铢（zhū）、两、斤、钧、石等。

（25）丈尺：长度单位。

（26）同：统一。

（27）轨：车两轮间的距离。

（28）书：书写。

（29）临洮：今甘肃岷县。

（30）羌中：当时羌族居住的部分地区，大体上相当于青海省东部。

（31）北向户：指广东、广西等南部地区。

（32）据：占据、占有。

（33）河：黄河。

（34）塞：要塞。

（35）并：通"傍"，沿着。

（36）辽东：秦郡名，约当今辽宁东部直达朝鲜平壤市西北。

3. 虚词

（1）暨：和。

4. 句式及语法积累

| 省略句 | "分天下以为三十六郡"中"以为"应为"以之为"的省略，意思是"把……作为，销以为钟鐻中"销以为"应为"销（之）以为"的省略 |

5. 古代文化常识积累

秦初设三十六郡	三川郡　河东郡　南阳郡　南郡　九江郡 鄣郡(zhāng)　会稽郡　颍川郡　砀郡(dàng)　泗水郡(sì) 薛郡　东郡　琅琊(láng yá)(邪)郡　齐郡　上谷郡 渔阳郡　右北平郡　辽西郡　辽东郡　代郡 邯郸郡　太原郡　上党郡　云中郡 九原郡　雁门郡　陇西郡　长沙郡 上郡　北地郡　汉中郡　巨(钜)鹿郡 巴郡　蜀郡　黔中郡　内史郡
郡县制	内容：秦朝对地方的管理制度。郡守和县令由皇帝直接任免，不得世袭 意义：①废除了分封制和贵族世袭的特权。②加强中央对地方的管理，有利于形成中央对地方的垂直管理形式。③有利于防止地方割据分裂，有力地维护了国家的统一。④有利于政治的安定和经济的发展 郡县制 　└─郡守 　　├─郡尉 　　├─郡监 　　└─县令(县长) 　　　├─县丞 　　　└─县尉
秦朝行政体系	皇帝 → 中央 → 地方 金字塔：皇帝／三公九卿制／郡县制

统一度量衡	内容：秦始皇统一六国后，沿用商鞅对度量衡的核算办法，规定1标准尺约合今0.23米，1标准升约合今0.2公升等计算单位，在全国实行。从秦朝开始，历朝度量衡除了具体数字有些变化以外都实行全国统一标准，一直沿袭至今 作用：①全国实行标准的度量准则，有利于经济文化交流发展②对国家税收和官员俸禄产生积极影响。③有利于消除地方割据势力，维护了国家的统一
车同轨	内容：规定车辆两轮之间的距离 作用：统一车辆型号，制约车辆行进道路，减少车辆损耗，有助于统一全国道路宽度，提高交通运输能力
书同文字	内容：书写同样的文字 作用：秦朝统一后，在全国推行小篆。加强了各地的文化交流，促进文化统一发展，有利于维护国家的统一

古代平民常见的别称（2）

别称	解释	例子
黔首	平民	以愚黔首 ——汉·贾谊《过秦论》 释义：使百姓变得愚昧无知
庶	庶人、庶民。泛指无官爵的平民	令益予众庶稻 ——汉·司马迁《史记》 释义：让伯益给老百姓稻种
下民	平民	下民其忧 ——汉·司马迁《史记》 释义：民众万分愁苦

6. 原文翻译

　　始皇将全国划分为三十六个郡，每个郡设置守、尉、监。将民众改称为"黔首"。下令欢聚宴饮。始皇将全国的兵器都收聚到一起，集中在咸阳，熔化后铸成编钟，以及十二个金属人像，每一个重达一千石，放置在宫廷之中。始皇统一法令制度和度量衡标准，统一车轨的距离，统一用于书写的文字。秦朝的疆域向东到大海和朝鲜，向西到临洮、羌中，向南到岭南，向北拒守黄河为屏障，从阴山一直到辽东。

课堂笔记

1. 原文

　　分天下以为三十六郡，郡置守、尉、监。更名民曰"黔首"。大酺。收天下兵，聚之咸阳，销以为钟𨱔，金人十二，重各千石，置廷宫中。一法度衡石丈尺，车同轨，书同文字。地东至海暨朝鲜，西至临洮、羌中，南至北向户，北据河为塞，并阴山至辽东。

2. 笔记

笔记区	
	◆ 分天下以为三十六郡，郡置守、尉、监。
	分：
	置：
	守：
	尉：
	监：
	◆ 更名民曰"黔首"。大酺。
	更：
	黔首：
	酺：
	◆ 收天下兵，聚之咸阳，
	收：
	兵：

续表

聚：	
◆ 销以为钟鐻，金人十二，重各千石，置廷宫中。	
销：	
以为：	
钟鐻：	
金人：	
石：	
廷宫：	
◆ 一法度衡石丈尺，	
一：	
法：	
度：	
衡：	
石：	
丈尺：	
◆ 车同轨，	
同：	
轨：	
◆ 书同文字。	
书：	
◆ 地东至海暨朝鲜，西至临洮、羌中，	
暨：	

续表

	临洮：
	羌中：
	◆ 南至北向户，北据河为塞，并阴山至辽东。
	北向户：
	据：
	河：
	塞：
	并：
	辽东：

课后练习

❶ 秦始皇把收缴上来的兵器怎么处理的？

　　A. 集中在咸阳销毁了

　　B. 熔化后制作成编钟和铜人

❷ 秦始皇的统治政策可以概括为：

　　A. 对内镇压叛乱，对外和亲求和

　　B. 对内加强集权，维护统一；对外扩展疆土，抵御外敌

第二十二课

巡游立碑

课前介绍

秦始皇统一天下后，为了强化统一成果，彰显自己的丰功伟绩，称帝后第二年开始巡游全国。足迹所至，北到今天的秦皇岛，南到江浙、湖北、湖南地区，东到山东沿海，并在邹峄（yì）山、泰山、琅邪、会稽、碣石等地留下刻石，以表彰自己的功德，同时宣传大秦帝国的政治思想。

精读精讲

1. 原文

二十七年，始皇巡陇西、北地，出鸡头山，过回中。焉作信宫渭南，已更命信宫为极庙，象天极。自极庙道通郦（lí）山，作甘泉前殿。筑甬（yǒng）道，自咸阳属（zhǔ）之。是岁，赐爵一级。治驰道。

二十八年，始皇东行郡县，上邹（zōu）峄（yì）山。立石，与鲁诸儒生议刻石颂秦德，议封禅（shàn）望祭山川之事。乃遂上泰山，立石，封，祠祀（cí sì）。下，风雨暴至，休于树下，因封其树为五大夫。禅梁父。刻所立石。于是乃并（bàng）勃海以东，过黄、腄（chuí），穷成山，登之罘，立石颂秦德焉而去。南登琅邪（yá），大乐之，留三月。乃徙黔首三万户琅邪台下，复十二岁。作琅邪台，立石刻，颂秦德，明得意。

2. 实词

(1) 二十七年：公元前 220 年，秦始皇统一六国的第二年。

(2) 巡：巡行、巡视。

(3) 陇西：陇西郡，大致在今天甘肃省南部和东南部。

(4) 北地：北地郡，大致在今天甘肃省东部和宁夏南部。

(5) 出：来到。

(6) 鸡头山：在今宁夏泾源县西北。

(7) 过：经过。

(8) 回中：地区名，在今陕西陇县西北。

(9) 作：建造。

(10) 信宫：秦始皇举行重大朝会活动的宫殿。

(11) 渭南：渭水南岸。

(12) 已：不久、后来。

(13) 象：象征。

(14) 天极：北极星。

(15) 通：通达、能够到达。

(16) 郦山：又名骊山，在陕西省西安市临潼区东南，因古骊戎居此得名。

(17) 甘泉：指秦甘泉宫。具体遗址至今仍有争议。

(18) 筑：修建、修筑。

(19) 甬道：两侧筑有墙的通道。皇帝在甬道中来往。外人看不见。

(20) 属：连接、连通。

(21) 之：指秦建造的宫殿。

(22) 是：此，这。

(23) 岁：年。

(24) 赐爵一级：给二十岁以上的成年男子每人增加爵位一级。

(25) 治：建造。

(26) 驰道：驰马所行之道，专供皇帝通行。秦驰道以咸阳为中心，通达全国各地。

(27) 二十八年：公元前219年，秦始皇统一六国的第三年。

(28) 行：前往。

(29) 邹峄山：山名。又名邹山、峄山、邾（zhū）峄山。在山东省邹县东南。

(30) 立：竖立。

(31) 鲁：指鲁国旧地，儒家文化的诞生地。孔子就是鲁国人。战国初期鲁国被楚国消灭。

(32) 诸：众，许多。

(33) 儒生：研习儒家学说的学者。

(34) 刻：雕，用刀子挖。

(35) 颂：赞扬。

(36) 德：功德。

(37) 封禅：指中国古代帝王在太平盛世或天降祥瑞之时祭祀天地的大型典礼。封，在泰山上筑土为坛，报天之功，称封。禅，在泰山下的梁父山辟场祭地，报地之德，称禅。

(38) 望祭：遥望而祭。古代帝王一种祭祀名山大川仪式的特称。

(39) 暴：突然。

(40) 休：休息。

(41) 五大夫：军功二十等爵里的第九级。

(42) 梁父：山名，梁父山又名梁甫山，在泰山东南附近。

(43) 所：与后面的动词结合，构成名词性结构。

(44) 并：通"傍"，沿着。

(45) 勃海：渤海。

(46) 黄：县名，黄县在今山东黄县东，距离蓬莱不远。

(47) 腄：县名，腄县在今山东福山县，距离烟台不远。

(48) 成山：在今山东荣成。成山尽头，又名"天尽头"，因地处成山山脉最东端而得名，突出于大海中，形势极为壮观。现在修筑有秦始皇和汉武帝的塑像群。

(49) 之罘：山名，在今烟台市西北的海边。

(50) 去：离开。

(51) 大：很、非常。

(52) 留：停留。

(53) 徙：迁移、迁徙。

(54) 黔首：秦朝对平民的统称。

(55) 复：免除（赋税徭役）。

(56) 琅邪台：亦作"琅琊台"，指秦始皇在琅玡山上所建之琅邪台。

(57) 明：公开。

(58) 得：完成、实现。

(59) 意：心愿、愿望。

3. 虚词

(1) 焉（焉作信宫渭南）：于是。

(2) 因：于是。

(3) 而（立石颂秦德焉而去）：表承接关系，不译。

4. 句式及语法积累

词类活用	指名词、数词、形容词、动词在特定的语境下，改变原有用法的特殊情况 ①活用为一般动词 上（上邹峄山）：名词做动词，登上 下（下，风雨暴至）：名词做动词，向下走 穷（穷成山）：形容词做动词，走到尽头 ②活用为特殊动词 乐：形容词意动用法，对……感到喜悦

用法	翻译	具体类别	例句	释义
使动用法： 使宾语怎么样	使（让）……	名词使动	先破秦入咸阳者王（wàng）之 ——汉·司马迁《鸿门宴》	让先打败秦军进入咸阳的人称王
		形容词使动	必先苦其心志 ——《生于忧患死于安乐》	一定要先使他的内心痛苦
		动词使动	无案牍之劳形 ——唐·刘禹锡《陋室铭》	没有烦琐的政务使自己的身体劳累
意动用法： 认为宾语怎么样 把宾语当作什么	认为…… 以……为…… 对……感到……	名词意动	不独子其子 ——《大道之行也》	不仅仅以自己的子女为子女
		形容词意动	渔人甚异之 ——魏晋·陶渊明《桃花源记》	渔夫对桃花林的景象感到十分的诧异
为动用法： 主语为宾语怎么样	为……	动词为动	后人哀之而不鉴之 ——唐·杜牧《阿房宫赋》	后人为这个例子哀叹，却不以这个例子为鉴

词类活用	③名词作状语 东（始皇东行郡县）：名词作状语，朝东、向东 南（南登琅邪）：名词作状语，向南

用法	例句	释义
表状态： 像……一样	（狼）犬坐于前 ——清·蒲松龄《狼》	（狼）像狗一样坐在前面
表工具/方式： 用……	叩石垦壤，箕畚（jī běn）运于渤海之尾 ——战国·列子《愚公移山》	凿石挖土，用箕畚运到渤海边上
表频率： 每	君子博学而日参省乎己 ——先秦·荀子《劝学》	君子广博地学习，并且每天检验反省自己
表方位： 向/到/往	始皇东行郡县 ——《史记》	秦始皇向东巡视郡县
表对人的态度： 像对待……一样	吾得兄事之 ——汉·司马迁《鸿门宴》	我（刘邦）会像对待兄长那样招待他（项伯）

续表

用法	例句	释义
表处所： 在 / 从	沛公已去，间至军中 ——汉·司马迁《鸿门宴》	刘邦离去后，从小路回到军营里
表时间： 在……的时候	朝而往，暮而归，四时之景不同，而乐亦无穷也 ——宋·欧阳修《醉翁亭记》	清晨时前往，黄昏时归来，四季的风光不同，乐趣也是无穷无尽的

同义连用	指在文言文中两个意义相同的单音节词连用的现象。是为了凑足音节或强调。如，《鸿门宴》（高中部编版必修）中"范增说项王曰：'沛公居山东时，贪于财货，好美姬。'"，"财货"同义连用。本文中"乃遂（乃遂上泰山）：于是、就""祠祀：祭祀"
状语后置	休于树下：应为"（于树下）休"

5. 古代文化常识积累

古代星座	《史记·天官书》中将全部星空分为五个大区域，即中宫、东宫、南宫、西宫及北宫。古人把北极星所在的天区视为天之正中。用中宫象征中央朝廷，北极星象征帝王。星座运势与天下运势紧密相连。后来发展成"一天二级三垣（yuán）四象五官十二次二十八宿"
秦二十级军功爵位制度（从低到高）	①公士 ②上造 ③簪袅 ④不更 ⑤大夫 ⑥官大夫 ⑦公大夫 ⑧公乘 ⑨五大夫 ⑩左庶长 ⑪右庶长 ⑫左更 ⑬中更 ⑭右更 ⑮少上造（一称少良造）⑯大上造（一称大良造）⑰驷车庶长 ⑱大庶长 ⑲关内侯 ⑳彻侯（通侯）
秦驰道	秦驰道，相当于现在的高速公路。著名的驰道包括上郡道、临晋道、东方道、武关道、秦栈道、滨海道、西方道及秦直道（军事通道）。除秦直道和秦栈道外，驰道大多在秦故地与六国旧道以及在秦征伐六国时修建的道路基础上拓建而成。驰道不仅利于管理六国旧地，和方便战争前线的补给，还使始皇出巡时能畅通无阻
儒家	儒家是先秦诸子百家学派之一。提倡德政、礼治和人治，强调道德感化

封禅	即祭奠天地。在泰山上筑土为坛，报天之功，称封。在泰山下的梁父山辟场祭地，报地之德，称禅。封禅的前提是国泰明安或者天降祥瑞，帝王封禅的目的是"答厚德，告成功"，得到上天认可（君权神授）、百姓认可。封禅大典多在五岳中的泰山上举行，因为古人认为泰山独尊，离天最近，可直接与天帝对话，并且泰山是东岳，东方主生，是万物起始、阴阳交替的地方。后世多为效仿黄帝去泰山封禅，包括秦始皇和汉武帝
山川祭祀	古人认为山川给天提供衣食，由此产生山川崇拜。为了答谢名山大川的馈赠，举行仪式。在漫长的历史进程中，大山祭祀逐渐衍生出五岳祭祀和泰山封禅，山岳祭祀权收归国家

6. 原文翻译

　　二十七年（前220年），始皇巡视陇西、北地，来到鸡头山，经过回中。于是在渭水以南建造了长信宫，不久又将长信宫改名为极庙，象征天上的北极星。从极庙铺设一条通往骊山的道路，又建造了甘泉宫前殿。修筑甬道，使咸阳与此相连。这一年，始皇赏赐天下二十岁以上的男子爵位增加一级，并修筑驰道。

　　二十八年（前219年），始皇向东巡视郡县，登上邹峄山，树立石碑，和鲁郡的儒生们商议，在石碑上镌刻颂扬秦朝功德的文字，还讨论了封禅和望祭名山大川的事情。于是始皇登上泰山，树立石碑，积土为祭坛，祭祀上天。下山的时候，忽然遭遇狂风暴雨，始皇在一棵树下休息，因此他封这棵树为五大夫。始皇在梁父山祭祀大地，刻写了所立石碑。于是他沿着渤海向东，经过黄县、腄县，走到成山的尽头，登上之罘山，树立赞颂秦朝功德的石碑后离去。始皇向南巡视登上琅邪山，非常喜欢那里，在那里停留了三个月。于是他迁徙三万户黔首到琅邪台下，免除他们十二年的赋役。他下令建造琅邪台，树立石碑，歌颂秦朝的功德，表明自己因如愿以偿而感到满意。

课堂笔记

1. 原文

　　二十七年，始皇**巡陇西、北地，出鸡头山，过回中。焉作信宫渭南，已**更命信宫为极庙，**象天极**。自极庙道**通郦山**，作**甘泉**前殿。**筑甬道**，自咸阳**属**之。**是岁，赐爵一级，治驰道**。

二十八年，始皇东行郡县，上邹峄山。立石，与鲁诸儒生议刻石颂秦德，议封禅望祭山川之事。乃遂上泰山，立石，封，祠祀。下，风雨暴至，休于树下，因封其树为五大夫。禅梁父。刻所立石。于是乃并勃海以东，过黄、腄，穷成山，登之罘，立石颂秦德焉而去。南登琅邪，大乐之，留三月。乃徙黔首三万户琅邪台下，复十二岁。作琅邪台，立石刻，颂秦德，明得意。

2. 笔记

◆ 二十七年，始皇巡陇西、北地，出鸡头山，过回中。

二十七年：

巡：

陇西：

北地：

出：

鸡头山：

过：

回中：

◆ 焉作信宫渭南，已更命信宫为极庙，象天极。

焉：

作：

信宫：

渭南：

已：

象：

续表

笔记区	天极：
	◆ 自极庙道通郦山，作甘泉前殿。
	通：
	郦山：
	甘泉：
	◆ 筑甬道，自咸阳属之。
	筑：
	甬道：
	属：
	之：
	◆ 是岁，赐爵一级。
	是：
	岁：
	赐爵一级：
	◆ 治驰道。
	治：
	驰道：
	◆ 二十八年，始皇东行郡县，上邹峄山。
	行：
	上：
	◆ 立石，与鲁诸儒生议刻石颂秦德，议封禅望祭山川之事。
	立：

续表

| 鲁: |
| 诸: |
| 儒生: |
| 颂: |
| 德: |
| 封禅: |
| 望祭: |

◆ 下，风雨**暴**至，**休**于树下，因封其树为五大夫。

| 暴: |
| 休: |

◆ 禅梁父。刻**所**立石。

| 所: |

◆ 于是乃**并**勃海以东，过黄、腄，

| 并: |

◆ **穷**成山，登之罘，立石颂秦德焉**而**去。

| 穷: |
| 而: |
| 去: |

◆ 南登琅邪，**大乐**之，**留**三月。

| 大乐: |
| 留: |

◆ 乃**徙黔首**三万户琅邪台下，**复**十二岁。

续表

笔记区	徙：
	黔首：
	复：
	◆ 作琅邪台，立石刻，颂秦德，**明得意**。
	明：
	得：
	意：

课后练习

❶ 秦始皇是哪一年开始巡游天下的?

A．统一六国前就开始了

B．公元前 220 年，即秦始皇统一六国后的第二年

❷ 秦始皇刻石的主要目的是：

A．记载历史，方便后人考证历史事件

B．宣扬表彰自己的丰功伟绩，宣传大秦帝国的统治思想，以教化天下

第二十三课

愤怒的皇帝

课前介绍

秦始皇除了统一中国之外,在政治上,他推行三公九卿制,设立郡县制;在文化上,推行书同文,车同轨,统一货币、度量衡等;军事上,他巡游边疆,扩张疆土,建立长城,抵御外敌。可以说,后世中华民族的长期统一稳定,离不开他的丰功伟绩。但秦始皇同样是一个争议非常大的帝王,他刚愎自用,一心追求长生不老药;他重法轻儒,听不得反对意见;他大兴土木,四处扩张,导致民间赋税繁重,老百姓不堪重负,民怨沸腾。本课中,我们就了解一下秦始皇做得不好的一面。

精读精讲

1. 原文

始皇闻亡,乃大怒曰:"吾前收天下书不中用者尽去之。悉召文学方术士甚众,欲以兴太平,方士欲练以求奇药。今闻韩众(zhōng)去不报,徐市(fú)等费以巨万计,终不得药,徒奸(gān)利相告日闻。卢生等吾尊赐之甚厚,今乃诽(fěi)谤(bàng)我,以重吾不德也。诸生在咸阳者,吾使人廉问,或为妖言以乱黔首。"于是使御史悉案问诸生,诸生传相告引,乃自除犯禁者四百六十余人,皆坑之咸阳,使天下知之,以惩后。益发谪(zhé)徙边。始皇长子扶苏谏曰:"天下初定,远方黔首未集,诸生皆诵法孔子,今上皆重法绳之,臣恐天下不安。唯上察之。"始皇怒,使扶苏北监蒙恬于上郡。

2. 实词

(1) 闻:听说,知道。
(2) 亡:逃跑。
(3) 收:收集,聚集。
(4) 中用:有用。
(5) 召:召集。
(6) 文学:指各种知识、学问。
(7) 方术士:泛指研究星占、神仙、巫医、占卜等学派的人。这一类人通常叫方士或方术士。这里指狭义上的方士——能访仙炼丹以求长生不老的人。

(8) 甚众：非常多人。

(9) 兴太平：创建太平盛世。

(10) 韩众：即韩终，秦始皇派去找仙药的方士之一。

(11) 报：传达，告诉。

(12) 徐市：秦始皇派去找仙药的方士之一，又称徐福。

(13) 费：花费、耗费。

(14) 巨万：形容数目极大。

(15) 徒：只，仅仅。

(16) 奸：通"干"，请求，求取。

(17) 告（徒奸利相告日闻）：检举、控告。

(18) 卢生：秦始皇派去找仙药的方士之一。

(19) 尊赐：尊而加赏，对他人赐赠的敬词。

(20) 厚：丰厚。

(21) 诽谤：无中生有地讲别人坏话，败坏别人的名誉。

(22) 重：加重，增加。

(23) 德：仁德。

(24) 诸生：指上文提到的文学方术士。

(25) 使：派。

(26) 廉问：察访查问。廉，察考，访查。

(27) 或：有人，有的人。

(28) 妖言：迷惑人的邪恶言论。

(29) 乱：扰乱。

(30) 御史：官名，负责弹劾、纠察，执法及掌管图籍秘书等。

(31) 案问：查讯，审问。

(32) 传相告引：相互告发，互相牵连。传相：相互。告：检举，控诉。引：牵连，揭发。

(33) 自：亲自。

(34) 除：清除，去掉。

(35) 坑：名词作动词，活埋。秦朝的死刑之一。

(36) 惩：警戒。

(37) 后：后世。

(38) 发：征调，征发。

(39) 谪：被发配到边远地区。

(40) 徙：迁移。

(41) 谏：直言规劝（君主或尊长，使改正错误）。

(42) 集：安定。

(43) 诵：通"颂"，颂扬。

(44) 法（通法孔子）：动词，仿效。

(45) 绳：约束、制裁。

(46) 察：细致深刻地观察、知晓。

(47) 北：名词作动词，到北边。

(48) 监：监督。

3. 虚词

(1) 者（不中用者尽去之）：助词，用在动词、形容词和动词性词组、形容词性词组的后面，组成一个名词性结构，相当于"……的……（人、事、情况等）"。

(2) 尽：全、都。　　　　　　　　(4) 乃：竟然。

(3) 悉：全、尽。　　　　　　　　(5) 益：更加。

4. 句式及语法积累

| 省略句 | "始皇闻亡"应为"始皇闻（之）亡"，之指代侯生、卢生 |

文言文中表示"全、都"的词

词汇	例句	释义
悉	悉举贵戚及疏远隐匿者 ——《史记》	那就从所有亲族远近大臣及隐居者当中推举吧
尽	吾前收天下书不中用者尽去之 ——《史记》	我以前收集天下的书籍，没有用的书就全部销毁了
皆	官名皆以云命，为云师 ——《史记》	黄帝所封官职都用云来命名，军队号称"云师"
咸	咸来问讯 ——东晋·陶渊明《桃花源记》	（村里人）都来打听消息
俱	风烟俱净，天山共色 ——南朝·吴均《与朱元思书》	风和云雾都消散干净，天空和群山是同样的颜色
毕	群贤毕至，少长咸集 ——魏晋·王羲之《兰亭集序》	众多贤才都汇聚到这里，年长年少的都聚集在这里

| 文言文中"亡"的常见用法 | ①灭亡
例句：此乃智伯、夫差、湣王之所以亡也
——《史记》
释义：这就是智伯、夫差、湣王亡国的原因
②逃跑
例句：（尉缭）乃亡去
——《史记》
释义：（尉缭）于是逃离秦国 |

文言文中"亡"的常见用法	③失去，丢失 例句：不过亡三十万金 ——《史记》 释义：这样不过损失三十万金 ④通"无" 例句：最喜小儿亡赖 ——宋·辛弃疾《清平乐·村居》（部编版四年级） 释义：亡赖：指小孩顽皮、淘气。亡，通"无"

5. 古代文化常识积累

三神山	东海上的三座仙山——蓬莱、瀛洲、方丈
扶苏	嬴姓，名扶苏，常称公子扶苏，秦始皇长子，扶苏刚毅勇武，信人而奋士，为人仁善，有政治远见，经常劝谏其父亲。因坑杀四百六十余人进谏，惹怒秦始皇，被罚去上郡监督蒙恬。胡亥夺位后，伪造秦始皇旨意让远在边域的扶苏自杀，扶苏遂自尽
蒙恬	秦朝时期名将，上卿蒙骜之孙，内史蒙武之子。北伐匈奴，收复河套，监修万里长城和九州直道。胡亥夺位时，蒙恬和扶苏一起在边域。胡亥伪造圣意让两人自杀，蒙恬不肯，被囚禁阳周。后因赵高执意陷害，牵连弟弟蒙毅被杀等种种原因，最终在阳周吞药自杀
秦朝罪名之危害皇权罪	谋反；操国事不道；泄露皇帝行踪、住所、言语机密；偶语诗书；以古非今；诽谤、妖言；诅咒、妄言；非所宜言；投书（投寄匿名信）；不行君令等
秦朝的刑罚——除名	除名，即除名籍，是历朝历代的附加刑罚，各朝代有不同的叫法。在古代，籍还记载个人所从事的行业，是自由民身份的象征。除名籍不仅针对犯人本人，甚至牵连家人，看判罚轻重。被除名籍以后，意味着处罚对象及牵连对象沦为正籍以外的贱民，永远作为官府奴仆，而且本人和子孙后代不得入朝为官

秦朝流放刑 ——谪、迁	谪、迁都是将犯人流放到边远地区的刑罚。谪通常适用于犯罪的官吏。迁通常适用于犯罪的平民。"谪"不一定是真的犯了法，也许是得罪人也许是朝廷需要，还有机会回去故土；"迁"一般真的犯了罪，必须流放，一般举家搬迁流放，回不去故土

6. 原文翻译

始皇听说方士逃走了，极为生气地说："我以前收集天下的书籍，将没有用处的都销毁了。我又招揽了很多文学方术之士，想要实现天下太平的局面，方士们想要炼制灵丹妙药。现在听说韩众等人逃跑不回来复命，徐市等人耗费巨资，最后也没能找到仙药，每天只有一些小人为谋取私利向我奏报。我对卢生等人待遇优厚，现在他们却诽谤我，来加重我的不仁。那些人中在咸阳的，我将派人去审问，也许有人在用妖言迷惑黔首。"于是始皇派御史审问，他们相互指责检举，始皇就亲自挑选出触犯禁令者四百六十多人，将他们全部在咸阳坑杀，让天下人都知道这件事，以此惩戒后人。始皇又征发更多的人去戍守边境。始皇的长子扶苏劝谏说："天下刚刚平定，远方的黔首还没有安定，儒生们都是歌颂和效法孔子的人，当今圣上却用严酷的刑罚来惩治他们，我担心天下人心中不安。希望皇帝明察。"始皇很生气，派扶苏到北方的上郡去做蒙恬的监军。

课堂笔记

1. 原文

始皇**闻亡**，乃大怒曰："吾前**收**天下书不**中用者尽去**之。**悉召文学方术士甚众**，欲以**兴太平**，方士欲练以求奇药。今闻韩 众(zhōng) 去不**报**，徐市等费以**巨万**计，终不得药，**徒奸**(gān)利相告日闻。卢生等吾**尊赐**之甚厚，今**乃诽(fěi)谤(bàng)**我，以**重**吾不**德**也。**诸生**在咸阳者，吾**使**人**廉问**，**或**为**妖言**以**乱**黔首。"于是使**御史**悉**案**问诸生，诸生**传**相告引，乃**自除**犯禁者四百六十余人，皆**坑**之咸阳，使天下知之，以**惩后**。益**发谪(zhé)徙**边。始皇长子扶苏**谏**曰："天下初定，远方黔首未**集**，诸生皆**诵法**孔子，今上皆重法**绳**之，臣恐天下不安。唯上**察**之。"始皇怒，使扶苏**北监**蒙恬于上郡。

2. 笔记

◆ 始皇闻亡，乃大怒曰："吾前收天下书不中用者尽去之。

闻：

亡：

收：

中用：

者：

尽：

◆ 悉召文学方术士甚众，欲以兴太平，方士欲练以求奇药。

悉：

召：

文学方术士：

甚众：

兴太平：

◆ 今闻韩众去不报，徐市等费以巨万计，终不得药，徒奸利相告日闻。

报：

费：

巨万：

徒：

奸：

◆ 卢生等吾尊赐之甚厚，今乃诽谤我，以重吾不德也。

尊赐：

厚：

续表

乃：	
诽谤：	
重：	
德：	

- 诸生在咸阳者，吾使人廉问，或为妖言以乱黔首。"

诸生：	
使：	
廉问：	
或：	
妖言：	
乱：	

- 于是使御史悉案问诸生，诸生传相告引，乃自除犯禁者四百六十余人，

御史：	
案问：	
传相：	
告：	
引：	
自：	
除：	

- 皆坑之咸阳，使天下知之，以惩后。益发谪徙边。

续表

	坑：
	惩：
	后：
	发：
	谪：
	徙：
◆ 始皇长子扶苏谏曰："天下初定，远方黔首未集，	
	谏：
	集：
◆ 诸生皆诵法孔子，今上皆重法绳之，臣恐天下不安。唯上察之。"	
	诵：
	法：
	绳：
	察：
◆ 始皇怒，使扶苏北监蒙恬于上郡。	
	北：
	监：

课后练习

1 秦始皇大怒的原因是：

    A．侯生和卢生等不仅没有寻到长生不老药，反而卷钱逃跑，还到处制造谣言

    B．大臣们都上书谏言停止炼制长生不老药

❷ 秦始皇大怒的结果是：

　A．焚书坑儒，四百六十多个方士和儒生被坑杀，太子扶苏进言劝阻后被流放边疆

　B．读书人敢怒不敢言，儒家思想从此退出历史舞台

第二十四课

胡亥夺位

课前介绍

公元前 210 年，秦始皇生平最后一次出巡。丞相李斯、宦官赵高、始皇帝十八子胡亥等人随行。巡游到沙丘这个地方时，始皇帝突然去世，遗诏令公子扶苏返回咸阳即位。而胡亥在赵高与李斯的帮助下，秘不发丧（sāng），杀死兄弟姐妹二十余人，并逼死扶苏，从而当上秦朝的二世皇帝。秦二世即位后，赵高掌实权，实行残暴统治，底层人民忍无可忍，陈胜吴广等人在大泽乡起义，随之原来六国土地上的贵族也掀起了复国起义。公元前 207 年，胡亥被赵高的心腹杀死，时年二十四岁。曾经强大无比的大秦帝国迅速分崩离析，走向灭亡。

精读精讲

1. 原文

七月**丙寅**（yín），始皇**崩**于**沙丘平台**。**丞相斯为**上崩在外，恐**诸**公子及天下有变，乃**秘**之，不**发丧**。**棺**载**辒**（wēn）**凉车**中，**故幸宦者参乘**（shèng），**所至上**食。百官奏事**如故**，宦者**辄**（zhé）从辒凉车中**可**其奏事。**独**子胡亥、赵高及所幸宦者五六人知上死。赵高故**尝**教胡亥**书**及狱律令法事，胡亥**私**幸之。高乃与公子胡亥、丞相斯**阴**谋**破**去始皇所封**书**赐公子扶苏者，而**更诈**为丞相斯受始皇**遗诏**沙丘，立子胡亥为太子。更为书赐公子扶苏、蒙恬，数以罪，赐死。行，遂从**井陉抵九原**（xíng）。**会**暑，上辒车臭，乃诏从官令车载**一石鲍鱼**，以**乱**其臭。行从**直道**至咸阳，发丧。太子胡亥袭位，为二世皇帝。

2. 实词

(1) 七月丙寅：秦始皇三十七年（公元前 210 年）七月的丙寅日。

(2) 崩：崩逝，指帝王死亡。

(3) 沙丘平台：沙丘宫里的平台，在今河北平乡县东北、广宗县西北。

(4) 丞相斯：左丞相李斯。

(5) 诸公子：秦始皇的儿子们，据《史记·李斯列传》记载，秦始皇有二十多个儿子。

(6) 秘：隐藏，保守秘密。

(7) 发丧：宣布死讯。

(8) 棺：装敛尸体的器具。

(9) 辒凉车：一种既密闭又通风，可调节温凉、可以躺卧的车，后来专指灵车。

(10) 故：原来的，以前的。

(11) 幸：宠爱。

(12) 宦者：伺候皇帝的人。

(13) 参乘：陪乘的人。古代乘车，尊者居左，驭者居中，另有一人居右陪坐，叫参乘，或车右，充当警卫、侍应。

(14) 所至：所到的地方。

(15) 上：进献，送上。

(16) 如故：同过去一样。

(17) 可：允许，许可。

(18) 书：写字。

(19) 私：私下，暗地里。

(20) 阴：暗中，暗地里。

(21) 破：破坏，损坏。

(22) 诈：假装。

(23) 遗诏：皇帝驾崩前，为后人留下的诏书。

(24) 井陉：秦县名，在今河北省井陉县西北。

(25) 抵：抵达，到。

(26) 九原：九原郡。

(27) 一石：重量单位，等于一百二十斤。

(28) 鲍鱼：有腥臭味的腌鱼。

(29) 乱：混淆。

(30) 直道：指秦直道，秦朝著名的军事通道。南起咸阳，北至九原郡，该工程由蒙恬负责修造。

3. 虚词

(1) 为（丞相斯为上崩在外）：因为，由于。

(2) 辄：就。

(3) 独：唯独，仅仅。

(4) 尝：曾经。

(5) 更：另外，也。

(6) 会：正赶上，恰巧。

4. 句式及语法积累

状语后置句	"丞相斯为上崩在外"应为"丞相斯为上（在外）崩"
定语后置句	书赐公子扶苏者："中心语+定语+者"的定语后置句，应为"（赐公子扶苏者）书"

5. 古代文化常识积累

胡亥	秦始皇中相对年少的儿子，受秦始皇宠爱。秦始皇最后一次出巡唯一一带在身边的儿子，其余儿子没有跟随
赵高	秦始皇在位时为中车府令，掌管皇帝车马，兼行符玺令事，胡亥上位后独揽朝政
秦二世来由	为什么称二世皇帝："朕（秦始皇）为始皇帝。后世以计数，二世三世至于万世，传之无穷。"
指鹿为马	比喻有意颠倒黑白，混淆是非

古人对去世的不同称谓：

- 天子 → 崩
- 诸侯 → 薨（hōng）
- 卿大夫 → 卒（zú）
- 士 → 不禄（lù）
- 平民 → 死

太后、皇后 / 高级妃嫔和皇帝子女 → 卒 / 殁 / 死（mò）

6. 原文翻译

　　七月丙寅日，始皇在沙丘平台去世。丞相李斯认为皇帝在外地去世，担心众皇子和天下百姓会生出变故，就封锁了消息，不举办丧事。始皇的棺材用辒凉车运载，由原来受到宠幸的宦者在右侧陪乘，随时进献饮食。百官也照常奏报政事，宦者总是从辒凉车里批准他们所奏之事。始皇去世的事情只有公子胡亥、赵高和五六个亲近的宦者知道。赵高过去曾经教胡亥学习写字和刑狱法令之事，胡亥私下里与他很亲近。赵高就与公子胡亥、丞相李斯暗中商议毁掉始皇所封好的赐给公子扶苏的诏书，而谎称丞相李斯在沙丘接受始皇遗诏，立儿子胡亥为太子。他们又另写了诏书赐给公子扶苏、蒙恬，列举他们的罪状，命令他们自杀。众人继续前行，最终从井陉来到九原。当时正值暑天，始皇的辒凉车散发出腐臭的气味，李斯以诏书命令随行官员每车载一石咸鱼，用来混淆始皇尸体的气味。众人经由直道回到咸阳，这才公布始皇的死讯。太子胡亥承袭帝位，成为二世皇帝。

课堂笔记

1. 原文

　　七月丙寅(yín)，始皇崩于沙丘平台。丞相斯为上崩在外，恐诸公子及天下有变，乃秘之，不发丧。棺载辒(wēn)凉车中，故幸宦者参乘(shèng)，所至上食。百官奏事如故，宦者辄(zhé)从辒凉车中可其奏事。独子胡亥、赵高及所幸宦者五六人知上死。赵高故尝教胡亥书及狱律令法事，胡亥私幸之。高乃与公子胡亥、丞相斯阴谋破去始皇所封书赐公子扶苏者，而更诈为丞相斯受始皇遗诏沙丘，立子胡亥为太子。更为书赐公子扶苏、蒙恬，数以罪，赐死。行，遂从井陉抵(xíng)九原。会暑，上辒车臭，乃诏从官令车载一石鲍鱼，以乱其臭。行从直道至咸阳，发丧。太子胡亥袭位，为二世皇帝。

2. 笔记

◆ 七月丙寅，始皇崩于沙丘平台。

崩：

◆ 丞相斯为上崩在外，恐诸公子及天下有变，乃秘之，不发丧。

诸公子：

秘：

发丧：

◆ 棺载辒凉车中，故幸宦者参乘，所至上食。

棺：

辒凉车：

故：

幸：

宦者：

续表

	参乘：
	所至：
	上：
◆百官奏事如故，宦者辄从辒凉车中可其奏事。	
	如故：
	辄：
	可：
◆独子胡亥、赵高及所幸宦者五六人知上死。	
	独：
◆赵高故尝教胡亥书及狱律令法事，胡亥私幸之。	
	尝：
	书：
	私：
◆高乃与公子胡亥、丞相斯阴谋破去始皇所封书赐公子扶苏者，	
	阴：
	破：
	书：
◆而更诈为丞相斯受始皇遗诏沙丘，立子胡亥为太子。	
	更：
	诈：
	遗诏：
◆行，遂从井陉抵九原。	

续表

抵：

◆ 会暑，上辒车臭，乃诏从官令车载一石鲍鱼，以乱其臭。

会：

一石：

鲍鱼：

乱：

◆ 行从直道至咸阳，发丧。太子胡亥袭位，为二世皇帝。

直道：

课后练习

❶ 秦始皇是因为什么原因死亡的？

A. 意外死亡的

B. 被宦官赵高、左相李斯等人合谋害死的

❷ 历史上著名的"沙丘之变"指的是：

A. 秦始皇意外死于沙丘之后，宦官赵高、左相李斯等合谋篡改了始皇的传位诏书，废太子扶苏，改立胡亥为秦二世

B. 指秦始皇意外死于沙丘之后，宦官赵高、左相李斯等发动政变，推翻了大秦王朝的事件

楚汉篇

第二十五课

少年志气

课前介绍

公元前 210 年，嬴政病逝，胡亥夺位。一个王朝从兴起到强大，可能需要几代人数十年上百年的努力，但从强盛到衰落，往往只需要几年时间。随着陈胜吴广在大泽乡起义，揭开了秦末农民起义的序幕，曾经强大无比的大秦王朝，在短短的时间内，快速走向崩溃。而我们本课的主人公，年仅二十四岁的项羽，也随着叔父在家乡举起了反秦的大旗。

精读精讲

1. 原文

项籍(jí)者，下相(xiàng)人也，字羽。初起时，年二十四。其季父项梁，梁父即楚将项燕，为秦将王翦(jiǎn)所戮(lù)者也。项氏世世为楚将，封于项，故姓项氏。项籍少时，学书不成。去学剑，又不成。项梁怒之。籍曰："书足以记名姓而已。剑一人敌，不足学，学万人敌。"于是项梁乃教籍兵法，籍大喜，略知其意，又不肯竟学。项梁杀人，与籍避仇于吴中。吴中贤士大夫皆出项梁下。秦始皇帝游会(kuài)稽，渡浙(zhè)江，梁与籍俱观。籍曰："彼可取而代也。"梁掩其口，曰："毋(wú)妄言，族矣！"梁以此奇籍。籍长八尺余，力能扛鼎，才气过人，虽吴中子弟皆已惮(dàn)籍矣。

2. 实词

(1) 项籍：即项羽。
(2) 下相：秦县名，在今江苏省宿迁。
(3) 起：起义，起事。
(4) 季父：小叔叔，即父亲最小的弟弟。
(5) 项梁：项羽父亲最小的弟弟，秦末楚地反秦起义军首领。
(6) 项燕：楚国名将。
(7) 王翦：秦国名将。
(8) 戮：杀。
(9) 成：完成。

(10) 足（书足以记名姓而已）：足够。
(11) 敌：抵挡，抵抗。
(12) 竟学：学完，学到底。
(13) 避：躲避。
(14) 仇：仇人，仇敌。
(15) 吴中：地名，大约在今江苏苏州，秦朝时属于会稽郡，汉朝时属于吴郡。
(16) 出：归附。
(17) 游：出游，游历。
(18) 渡：横过水面。
(19) 浙江：江的名字，王国维认为此江就是钱塘江。
(20) 彼：他，对方。
(21) 取：夺取。
(22) 代：代替。
(23) 掩：掩盖，遮蔽。
(24) 妄言：胡说。
(25) 族：灭族。古代一种刑罚，把罪犯以及家族成员全部处死。
(26) 八尺：八尺等于现在184.8厘米。尺：古代长度单位，具体长度每个朝代略有不同。
(27) 惮：怕，畏惧。

3. 虚词

(1) 略：大概，简单。
(2) 俱：一起。

4. 句式及语法积累

"……者，……也"常为判断句式，翻译成"……是……"	例句：项籍者，下相人也 师者，所以传道授业解惑也 吾妻之美我者，私我也
"……者也"判断句式，可以翻译成"……是……"，也可不译	例句：为秦将王翦所戮者也 二者不可得兼，舍生而取义者也 沛公之参乘樊哙者也
"为……所……"被动结构，可以翻译成"被……"	例句：为仲卿母所造 《茅屋为秋风所破歌》
宾语前置句	"剑一人敌""学万人敌"应为"剑（敌）一人""学（敌）万人" "彼可取而代也"应为"可取而代（彼）也"
形容词的意动用法	怒（项梁怒之）：对……感到生气 奇（梁以此奇籍）：以之为奇

楚汉篇

5. 古代文化常识积累

古代兄弟排序	古代兄弟排行的次序用伯仲叔季表示，伯是老大，仲是第二，叔是第三，季是最小的。叔可以有多个，但伯仲季都只能有一个，季永远都是最小的
世卿世禄制	我国先秦时期统治者实行"世卿世禄制"。它是一种爵位和官职的世袭制度。爵位和官职是靠血缘关系传承，父死子继，代代相传。商鞅变法设立军功爵制打破了贵族官职上的垄断
项	项地。周朝时为周文王一子的封国，称为项国或项子国。春秋战国时被鲁国所灭，只留存项名，秦朝时设立为项县，今为项城市，在今河南省东南部

6. 原文翻译

项籍是下相人，字羽。他刚起兵的时候只有二十四岁。他的叔父名叫项梁，项梁的父亲就是楚将项燕，被秦将王翦杀死的那个人。项氏世代担任楚将，被封在项邑，因此姓项氏。项籍年少的时候，学写字不成，去学击剑，又没学成。项梁对他很生气。项籍说："写字可以记姓名就足够了。击剑只能与一个人搏斗，这些都不值得学，我想学与一万人对抗的。"于是项梁就教项籍兵法，项籍十分高兴，大致了解兵法的主旨后，又不愿意学完。项梁杀人，和项籍到吴中躲避仇家。吴中贤能的士大夫归附在项梁部下。秦始皇帝巡游会稽，渡过浙江，项梁和项籍一同前去观看。项籍说："我可以取代他。"项梁捂住他的嘴，说："不许乱说，否则就要灭族了！"项梁因此觉得项籍非同寻常。项籍身高八尺有余，很有力气，能够举起大鼎，他的才能勇气超过常人，就连吴中子弟也都畏惧他了。

课堂笔记

1. 原文

项籍(jí)者，下相人也，字羽。初起时，年二十四。其季父项梁，梁父即楚将项燕，为秦将王翦所戮(lù)者也。项氏世世为楚将，封于项，故姓项氏。项籍少时，学书不成。去学剑，又不成。项梁怒之。籍曰："书足以记名姓而已。剑一人敌，不足学，学万人敌。"于是项梁乃教籍兵法，籍大喜，略知其意，又不肯竟学。项梁杀人，与籍避仇于吴中。吴中贤士大夫皆出项梁下。秦始皇帝游会稽，渡(zhè)浙江，梁与籍俱观。籍曰："彼可取而代也。"梁掩其口，曰："毋妄(wú)言，族矣！"梁以此奇籍。籍长八尺余，力能扛鼎，才气过人，虽吴中子弟皆已惮(dàn)籍矣。

2. 笔记

◆ 项籍者，下相人也，字羽。初起时，年二十四。

……者……也：

起：

◆ 其季父项梁，梁父即楚将项燕，为秦将王翦所戮者也。

季父：

为……所：

戮：

◆ 项籍少时，学书不成。去学剑，又不成。项梁怒之。

怒：

◆ 籍曰："书足以记名姓而已。剑一人敌，不足学，学万人敌。"

足：

敌：

◆ 于是项梁乃教籍兵法，籍大喜，略知其意，又不肯竟学。

略：

竟学：

◆ 项梁杀人，与籍避仇于吴中。吴中贤士大夫皆出项梁下。

避：

仇：

续表

	出：
	◆ 秦始皇帝游会稽，渡浙江，梁与籍俱观。
	游：
	渡：
	俱：
	◆ 籍曰："彼可取而代也。"
	彼：
	取：
	代：
	◆ 梁掩其口，曰："毋妄言，族矣！"梁以此奇籍。
	掩：
	妄言：
	族：
	奇：
	◆ 籍长八尺余，力能扛鼎，才气过人，虽吴中子弟皆已惮籍矣。
	八尺：
	惮：

课后练习

1 项羽的字是什么？

　　A. 羽　　　　　　　B. 籍

2 项羽认为"剑一人敌，不足学，学万人敌"，这里的万人敌是指：

　　A. 能一个人打败万人的武功　　　B. 能打败万人的兵法策略

第二十六课

八千精兵起江东

课前介绍

秦二世元年七月，陈胜吴广大泽乡起义，揭开了秦末农民起义的序幕，这是中国历史上第一次大规模的平民起义，陈胜吴广起义从根本上动摇了秦王朝统治。起义不到三个月，赵、齐、燕、魏等地方都有人打着恢复六国的旗号，自立为王。而项羽、刘邦等人也抓住机遇，顺势而起。

精读精讲

1. 原文

秦二世元年七月，陈胜等起大泽中。其九月，会稽守通谓梁曰："江西皆反，此亦天亡秦之时也。吾闻先即制人，后则为人所制。吾欲发兵，使公及桓楚将(jiāng)。"是时桓楚亡在泽中。梁曰："桓楚亡，人莫知其处，独籍知之耳。"梁乃出，诚籍持剑居外待。梁复入，与守坐，曰："请召籍，使受命召桓楚。"守曰："诺。"梁召籍入。须臾(yú)，梁眴(shùn)籍曰："可行矣！"于是籍遂拔剑斩守头。项梁持守头，佩其印绶。门下大惊，扰乱，籍所击杀数十百人。一府中皆慴(zhé)伏，莫敢起。梁乃召故所知豪吏，谕以所为起大事，遂举吴中兵。使人收下县，得精兵八千人。梁部署吴中豪杰为校尉、候、司马。有一人不得用，自言于梁。梁曰："前时某丧使公主某事，不能办，以此不任用公。"众乃皆伏。

2. 实词

(1) 秦二世元年：公元前209年。
(2) 陈胜：字涉，阳城人。秦朝末年农民起义的领袖之一。
(3) 起：起义，起事。
(4) 大泽：乡名，当时属于蕲（qí）县，在今安徽省宿县东南刘村集。

(5) 其：代词，相当于"这"。

(6) 会稽：会稽郡。

(7) 守：郡守，郡的最高长官。

(8) 通：殷通，当时的会稽郡郡守。

(9) 谓：告诉，对……说。

(10) 梁：项梁。

(11) 江西：长江自九江到南京一段，流向是由西南向东北，这一段流域西边叫江西，东边叫江东。因此古人称今安徽北部一带为江西，安徽南部、江苏南部一带为江东。

(12) 反：反叛，造反。

(13) 制：控制，制服。

(14) 使：让。

(15) 桓楚：项羽部下的一名将领。

(16) 将：率领，统率。

(17) 是时：这时候。

(18) 亡：逃亡。

(19) 诫：嘱咐。

(20) 居（诫籍持剑居外待）：处在、处于。

(21) 待：等待，等候。

(22) 召：召唤。

(23) 受命：接受命令。

(24) 须臾：片刻，一会儿。

(25) 眴：使眼色。

(26) 持：拿着，握住。

(27) 印绶：印信和系印信的丝带。古人印信上系有丝带，佩带在身。后借指官爵。不同官职对应不同的印绶。

(28) 惊：恐惧，惶恐。

(29) 扰乱：混乱，慌乱。

(30) 数十百人：虚数，一个大概的数目。

(31) 慴：恐惧。

(32) 伏：①（慴伏）趴，脸向下，体前屈。
②（众乃皆伏）伏通"服"，佩服，信服。

(33) 故：原来的，以前的。

(34) 豪：才德、力量、威望出众的人。

(35) 吏：官员。

(36) 谕：告诉，盼咐（用于上级对下级或长辈对晚辈）。

(37) 所为起大事：起兵反秦的原因。

(38) 举：发动。

(39) 收：收取，占取。

(40) 下县：会稽郡下属各县。

(41) 部署：布置，安排。

(42) 校尉、候、司马：军队的职位。

(43) 用：任用。

(44) 言：讲，说。

(45) 主：主持，掌管。

3. 虚词

(1) 为（后则为人所制）：被。

(2) 独（独籍知之耳）：唯独，仅仅。

(3) 耳（独籍知之耳）：语气词，表肯定。

(4) 复（梁复入）：再，又。

(5) 诺：答应的声音，表示同意。

(6) 大（门下大惊）：极，很。

(7) 以：①（谕以所为起大事）介词，把。
②（以此不任用公）介词，因为。

4. 句式及语法积累

"为……所……"被动结构，可以翻译成"被……"	例句：后则为人所制
状语后置句	"谕以所为起大事"应为"（以所为起大事）谕（之）" "自言于梁"，应为"自（于梁）言"
省略句	"使受命召桓楚"，应为"使（之）受命召桓楚" "谕以所为起大事"应为"（以所为起大事）谕（之）"

5. 古代文化常识积累

陈胜吴广起义	又名大泽乡起义。公元前209年秦朝征调了900多位贫民前往渔阳戍边，途中在蕲县大泽乡遇到大雨，不能按时到达渔阳。这违反了秦律，大家害怕被斩首，于是陈胜吴广喊出"王侯将相宁有种乎"的口号带头造反，攻下大泽乡和蕲县，在陈县建立"张楚政权"。这场起义被秦将章邯（hán）率秦军镇压，以失败而告终。这场起义沉重打击了秦王朝的统治，揭开了秦末农民起义的序幕

秦汉军队编制：

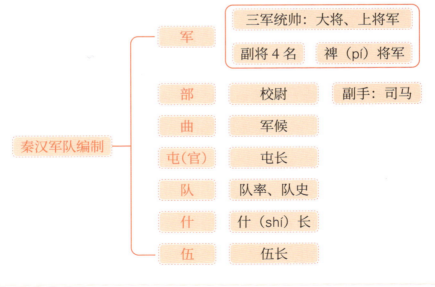

6. 原文翻译

　　秦二世元年（前209年）七月的时候，陈涉等人在大泽乡起事。当年九月，会稽郡守殷通对项梁说："长江以西地区都造反了，这也是上天要灭亡秦朝的时机。我听说先行动就能控制别人，后行动则被别人所控制。我想要发兵，请您和桓楚带领。"当时桓楚逃亡到泽中。项梁说："桓楚逃亡在外，没有人知道他的下落，只有项籍知道罢了。"项梁走出来，告诉项籍拿着剑在外面等候。项梁又走进去，与郡守坐在一起，说："请召见项籍，让他接受命令召回桓楚。"郡守说："好。"项梁召唤项籍进来。没过多久，项梁对项籍使眼色说："可以行动了！"于是项籍就拔出剑砍下郡守的头。项梁拿着郡守的头，身佩他的官印。门下的侍从大惊，陷入混乱，项籍杀死了几十上百人。全府的人都被项籍所震慑，没有人敢反抗。项梁于是召集原来他所认识的有权势的官吏，告知他们自己起兵的原因，于是他发动吴中的士兵起义。他派人收编会稽郡下辖各县的士卒，得到精锐士兵八千人。项梁安排吴中的豪杰担任校尉、军候、司马。有一个人没有得到任用，亲自去对项梁说。项梁说："前不久有一件丧事让您主办，您没有能力办好，所以没有任用您。"众人于是都很佩服项梁。

课堂笔记

1. 原文

　　秦二世元年七月，陈胜等**起**大泽中。**其**九月，会稽**守通谓梁**曰："江西皆反，此亦天亡秦之时也。吾闻先即**制**人，后则**为**人**所**制。吾欲发兵，**使**公及桓楚**将**（jiàng）。"**是时**桓楚**亡**在泽中。梁曰："桓楚亡，人莫知其处，**独**籍知之**耳**。"梁乃出，**诫**籍持剑**居**外**待**。梁**复**入，与守坐，曰："请**召**籍，**使受命召桓楚**。"守曰："**诺**。"梁召籍入。**须臾**（yú），梁**眴**（shùn）籍曰："可行矣！"于是籍遂拔剑斩守头。项梁**持**守头，佩其**印绶**。门下**大惊**，**扰乱**，籍所击杀**数**十百人。一府中皆**慴**（zhé）**伏**，莫敢起。梁乃召**故**所知**豪吏**，**谕以所为起大事**，遂举吴中兵。使人**收下县**，得精兵八千人。梁**部署**吴中豪杰为**校尉**、**候**、**司马**。有一人不得**用**，自**言**于梁。梁曰："前时某丧使公**主**（lì）某事，不能办，以此不任用公。"众乃皆伏。

2. 笔记

- 秦二世元年七月，陈胜等**起**大泽中。

  起：

- **其**九月，会稽**守通谓梁**曰："江西皆反，此亦天亡秦之时也。

  其：

  守：

  通：

  谓：

  梁：

- 吾闻先即**制**人，后则**为**人**所**制。

  制：

  为……所……：

- 吾欲发兵，**使**公及桓楚**将**。"

  使：

  将：

- **是时**桓楚**亡**在泽中。梁曰："桓楚亡，人莫知其处，**独**籍知之**耳**。"

  是时：

  亡：

  独：

  耳：

- 梁乃出，**诫**籍持剑**居**外待。

  诫：

  居：

	待：	
	◆ 梁复入，与守坐，曰："请召籍，使受命召桓楚。"	
	复：	
	召：	
	使受命召桓楚：	
	◆ 守曰："诺。"梁召籍入。须臾，梁眴籍曰："可行矣！"	
	诺：	
	须臾：	
笔	眴：	
	◆ 于是籍遂拔剑斩守头。项梁持守头，佩其印绶。	
记	持：	
	印绶：	
区	◆ 门下大惊，扰乱，籍所击杀数十百人。一府中皆慴伏，莫敢起。	
	大惊：	
	扰乱：	
	数十百人：	
	慴：	
	伏：	
	◆ 梁乃召故所知豪吏，谕以所为起大事，遂举吴中兵。	
	故：	
	豪：	
	吏：	

续表

谕以所为起大事：
◆ 使人**收**下县，得精兵八千人。
收：
下县：
◆ 梁**部署**吴中豪杰为**校尉、候、司马**。
部署：
校尉、候、司马：
◆ 有一人不得**用**，自**言**于梁。
用：
言：
◆ 梁曰："前时某丧使公**主**某事，不能办，以此不任用公。"众乃皆伏。
主：

课后练习

1 项羽二十四岁时，遇到的机会是什么？

　　A. 陈胜吴广起义后，全国各地都是反抗暴秦的起义军，此时是起兵灭秦的最好机会。

　　B. 他的叔叔项梁成为楚国的皇帝

2 项梁项羽是怎么拿下郡府的？

　　A. 动之以情，晓之以理

　　B. 大开杀戒，把不服从的全杀了

3 请结合前后文解释：为什么项梁项羽要杀郡守？

　　A. 郡守想要让项梁和桓楚共同为起兵首领，但项梁项羽想要以他们自己为首

　　B. 项梁项羽想要起兵反秦，但郡守不同意

楚汉篇

第二十七课

巨鹿之战

课前介绍

陈胜吴广起义后，各地起义不断，但此时大秦王朝统一天下的名将和军队余威犹在。公元前207年，秦军上将军章邯以偷袭的战术，在定陶击败了项梁，十万反秦楚军全军覆没，主帅项梁战死。随后，大秦军队攻破原赵国都城邯郸，把残余的赵军围困在巨鹿城，欲一举消灭赵国的反秦力量。席卷全国、轰轰烈烈的反秦起义面临巨大挫折。危急之时，项羽率领剩余楚军将士，破釜沉舟，只带三天军粮，与章邯、王离率领的秦军决战于巨鹿之地，一战成功，全歼了30万秦军主力。巨鹿之战对最后推翻秦朝的统治起了决定性作用，是历史上以少胜多的经典战役。

精读精讲

1. 原文

项羽已杀**卿子冠军**，**威震**楚国，名**闻**诸侯。乃**遣**当阳君、蒲将军将卒二万渡**河**，救**钜**(jù)鹿。战**少利**，陈**馀**(yú)复请兵。项羽乃**悉引**兵渡河，皆**沉船**，**破釜甑**(fǔ zèng)，烧**庐舍**，**持**三日粮，以**示**士卒必死，无一还心。于是至则**围王离**，与秦军**遇**，九**战**，**绝**其**甬道**，大破之，杀苏角，**虏**王离。**涉间**(xiáng)**不降楚**，自烧杀。当是时，楚兵**冠**(guàn)诸侯。**诸侯军救钜鹿下者十余壁**，莫敢**纵**兵。**及**楚**击**秦，诸将皆**从**壁上观。楚战士无不一以**当**十，楚兵呼声动天，诸侯军无不人人**惴**(zhuì)恐。于是已破秦军，项羽召见诸侯将，入**辕门**，无不**膝行而前**，莫敢仰视。项羽由是始为诸侯**上将军**，诸侯皆**属焉**。

2. 实词

(1) 卿子冠军：指宋义。卿子，当时对男人的敬称。冠军，最高统帅。

(2) 威：表现出来能压服人的力量或使人敬畏的态度，威风，威力。

(3) 震：震动，震惊。
(4) 闻：使……听闻。
(5) 遣：派。
(6) 当阳君：指黥（qíng）布。
(7) 蒲将军：楚国一位猛将。
(8) 将：带领，统率。
(9) 河（将卒二万渡河）：指漳河。
(10) 钜鹿（巨鹿）：秦县名，县治在今河北省平乡西南。也是当时钜鹿郡（巨鹿郡）的郡治所在。
(11) 少利：稍微胜利。
(12) 陈馀：巨鹿之战时赵国将军，当时赵王歇、丞相张耳被困巨鹿，陈馀带几万士兵守在巨鹿北等待时机。
(13) 引：引导，带领。
(14) 沉：人或物没入水中，沉没、沉埋。
(15) 破：破坏，打破。
(16) 釜：古代炊具，作用类似现代的锅。
(17) 甑：古代做饭的一种蒸食器具，作用像现代的蒸笼。通常与鬲（lì）合用，叫甗（yǎn）。
(18) 庐舍：军队临时的居所，营舍。
(19) 持：拿着，握着。
(20) 示：显现，表示。
(21) 围：包围。
(22) 王离：秦将王翦的孙子，王贲的儿子。
(23) 遇：相遇，遇到。
(24) 战：作战，打仗。
(25) 绝：断。
(26) 甬道：指秦军围困巨鹿时候修建用于运粮的路，直达漳河，两侧有墙。
(27) 苏角：秦将，当时跟随王离一起围困巨鹿。
(28) 虏：俘获。
(29) 涉间：秦将，和王离一起围困巨鹿。
(30) 降：投降。
(31) 冠：超出众人，位居第一。
(32) 下：指时间、处所、范围，不翻译。
(33) 壁：军营的围墙、军营。
(34) 纵：发，放。
(35) 及：等到。
(36) 击：攻击，攻打。
(37) 当：抵抗，抵挡。
(38) 惴：忧愁，恐惧。
(39) 辕门：即营门，军营的门口。
(40) 膝行而前："膝行"，用膝盖行走，即跪着向前走。
(41) 上将军：官名，行军作战时军中的主帅。
(42) 属：归属，隶属。
(43) 焉：代词，指项羽。

3. 虚词

(1) 悉：全、都。
(2) 从：介词，表示起点，相当于"自、由"。

4. 句式及语法积累

定语后置句	"诸侯军救钜鹿下者十余壁"应为"(救钜鹿下者)诸侯军十余壁"
状语后置句	"涉间不降楚"应为"涉间不(于楚)降"

5. 古代文化常识积累

巨鹿之战的意义	①确立了项羽在起义军的领导地位； ②是秦末农民战争中最激烈的一次战役； ③也是具有决定性的一次大战； ④摧毁了秦军主力，扭转战局，奠定了反秦斗争胜利的基础

6. 原文翻译

项羽杀死宋义以后，声威震慑楚国，名望传遍诸侯。他就派当阳君、蒲将军率领士兵二万人渡过黄河，援救巨鹿。战事取得一些胜利后，陈馀又向项羽请求援兵。项羽就率领全军渡河，他们凿沉船只，砸破炊具，烧毁营舍，携带三天的口粮，以此表示要拼死决战，没有活着回来的打算。于是军队刚到就围住了王离，与秦军相遇，九次交战，截断对方的甬道，大破敌军，杀死苏角，俘获王离。涉间不向楚军投降，自焚而死。在这个时候，楚军勇冠诸侯。诸侯派兵援救巨鹿的有十几处营寨，没有人敢轻易出战。等到楚军攻打秦军的时候，各路将领都站在营垒上观望。楚军战士都以一敌十，楚兵的呐喊声震撼天际，诸侯军中没有人不胆战心惊。于是楚军打败秦军以后，项羽召见诸侯将领，进入辕门的时候，那些将领都跪在地上爬行，没有人敢仰视项羽。项羽从此开始成为诸侯联军的上将军，诸侯都听命于他。

课堂笔记

1. 原文

项羽已杀**卿子冠军**，**威震**楚国，名**闻**诸侯。乃**遣**当阳君、蒲将军**将**卒二万渡**河**，救钜鹿。战**少**利，陈馀复请兵。项羽乃**悉引**兵渡河，皆**沉**船，**破釜甑**（fǔ zèng），烧**庐舍**，**持**三日粮，以**示**士卒必死，无一还心。于是至则**围**王离，与秦军遇，九战，绝其甬道，大破之，杀苏角，虏王离。涉间不降楚，自烧杀。当是时，楚兵冠诸侯。诸侯军救钜鹿下者十余壁，莫敢纵兵。及楚击秦，诸将皆从壁上观。楚战士无不一以当十，楚兵呼声动天，诸侯军无不人人惴恐。于是已破秦军，项羽召见诸侯将，入辕门，无不膝行而前，莫敢仰视。项羽由是始为诸侯上将军，诸侯皆属焉。

2. 笔记

- 项羽已杀卿子冠军，威震楚国，名闻诸侯。

  卿子冠军：

  威震：

  闻：

- 乃遣当阳君、蒲将军将卒二万渡河，救钜鹿。

  遣：

  将：

  河：

- 战少利，陈馀复请兵。

  少利：

- 项羽乃悉引兵渡河，皆沉船，破釜甑，

  悉：

  引：

  沉：

  破：

  釜：

  甑：

续表

笔记区	◆ 烧庐舍，持三日粮，以示士卒必死，无一还心。	
	庐舍：	
	持：	
	示：	
	◆ 于是至则围王离，与秦军遇，九战，	
	围：	
	遇：	
	战：	
	◆ 绝其甬道，大破之，杀苏角，虏王离。	
	绝：	
	甬道：	
	虏：	
	◆ 涉间不降楚，自烧杀。当是时，楚兵冠诸侯。	
	涉间不降楚：	
	冠：	
	◆ 诸侯军救钜鹿下者十余壁，莫敢纵兵。	
	诸侯军救钜鹿下者十余壁：	
	纵：	
	◆ 及楚击秦，诸将皆从壁上观。	
	及：	
	击：	
	从：	

- 楚战士无不一以当十，楚兵呼声动天，诸侯军无不人人惴恐。

  当：

  惴：

- 于是已破秦军，项羽召见诸侯将，入辕门，无不膝行而前，莫敢仰视。

  辕门：

  膝行而前：

- 项羽由是始为诸侯上将军，诸侯皆属焉。

  上将军：

  属：

  焉：

课后练习

1 项羽为什么要杀宋义？

　　A．为了夺取楚军的领导权，击败秦军

　　B．因为宋义杀害了项梁

2 项羽是怎么赢得巨鹿之战的？

　　A．等待援军，以多胜少

　　B．破釜沉舟，只带三日军粮，与秦军决一死战，以少胜多

3 为什么项羽成为各路诸侯的上将军？

　　A．及楚击秦，诸将皆从壁上观，楚军大破秦军后，诸侯见项羽，人人惴恐，无不膝行而前，莫敢仰视，项羽由是始为诸侯上将军

　　B．楚军破秦军后，顺势消灭了各路诸侯的主力大军，诸侯归降，尊项羽为上将军

第二十八课

项羽之怒

课前介绍

巨鹿之战中，秦军40万大军与项羽决战巨鹿，项羽先是击败秦朝大将王离，随后名将章邯战败投降，20万秦军被坑杀。此时，曾经强大无比的大秦王朝，在整个中原地区已经没有可用之兵，而用来防守北方长城和南方岭南的几十万大军，又是远水解不了近渴。作为大秦权力中心，此时的关中地区防御空虚，而刘邦借此机会，率领自己的部下，轻松攻破武关，拿下咸阳，成为第一个攻入关中的诸侯，并借势快速扩张自己的实力，而此举导致项羽大怒。

精读精讲

1. 原文

行略定**秦地**。**函谷关**有兵守关，不得入。又闻**沛公**已**破**咸阳，项羽大怒，使当阳君等击关。项羽遂入，至于**戏西**。**沛公军霸上**，未得与项羽相见。沛公**左司马曹无伤**使人言于项羽曰："沛公欲**王**(wàng)关中，使子婴为相，**珍宝尽有之**。"项羽大怒，曰："**旦日飨**(xiǎng)士卒，**为**(wèi)**击破沛公军**！"当是时，**项羽兵四十万**，在**新丰鸿门**；**沛公兵十万**，在霸上。**范增说**(shuì)项羽曰："沛公居**山东**时，**贪于财货**，**好**美姬。今入关，**财物无所取**，**妇女无所幸**，此其志不在**小**。吾令人望其**气**，皆为龙虎，成五**采**，此天子气也。急击勿失。"

2. 实词

(1) 略：掠夺，夺取。

(2) 秦地：指咸阳所处的秦国故地。

(3) 函谷关：在今河南省灵宝东北，是东方入秦的要道。

(4) 沛公：指汉高祖刘邦，字季，沛县人。

(5) 破：打败，攻克。

(6) 戏西：戏水之西。戏水源出骊山，

流过今陕西省临潼东，注入渭水。

(7) 军：名词作动词，驻扎。

(8) 霸上：即霸水之西的白鹿原，在今陕西省西安市东南。

(9) 左司马：军职名，主管军中法纪政务的官。

(10) 曹无伤：刘邦手下。

(11) 王：名词作动词，称王。

(12) 旦日：明日。

(13) 飨：用酒食款待人，这里指犒劳士兵。

(14) 新丰：汉县名，秦时原名骊邑，在今陕西省临潼东。

(15) 鸿门：在新丰东边。

(16) 范增：项羽主要谋士。

(17) 说：劝说。

(18) 山东：古今异义词。古代指崤山以东，泛指秦以外的六国，现在指山东省。

(19) 贪：贪图，贪恋。

(20) 好：喜欢，喜爱。

(21) 无所：没有……

(22) 取：拿，索取。

(23) 小：形容词作名词，小的方面。

(24) 气：预示吉凶之气。古代方士多有望气之术，认为望某方云气即可测知吉凶。

(25) 采：引申为彩色，后写作彩。

3. 虚词

(1) 行：副词，将要。

(2) 为（为击破沛公军）：介词，替，给。

4. 句式及语法积累

省略句	"沛公军霸上"应为"沛公军（于）霸上" "沛公欲王关中"应为"沛公欲王（于）关中" "为击破沛公军"应为"为（之）击破沛公军"
定语后置句： 中心语＋数量结构（作定语）	"项羽兵四十万"应为"项羽四十万兵" "沛公兵十万"应为"沛公十万兵"
状语后置句	"贪于财货"应为"于财货贪"
被动句	例句：珍宝尽有之；财物无所取；妇女无所幸

被动标志	例句	释义
无标志，概念上表示被动	帝感其诚 ——战国·列子《愚公移山》	天帝被愚公的诚心感动
为 （为……所/……为所……）	身死人手，为天下笑者 ——汉·贾谊《过秦论》	皇帝死在别人手里，被天下人所耻笑
	为仲卿母所遣 ——《孔雀东南飞》	（刘氏）被焦仲卿母亲休弃
	若属皆且为所虏 ——汉·司马迁《鸿门宴》	你们都将被他俘虏
于 （见……于……/受……于……）	此非孟德之困于周郎者乎 ——宋·苏轼《赤壁赋》	这不正是曹孟德被周瑜所围困的地方么
	臣诚恐见欺于王而负赵 ——《史记·廉颇蔺相如列传》	我的确害怕被大王欺骗而对不起赵王
	十万之众，受制于人 ——《三国志》	十万大军，被别人控制

5. 古代文化常识积累

函谷关	该关西据高原，东临绝涧，南接秦岭，北塞黄河，因其地处"两京古道"，紧靠黄河岸边，关在谷中，深险如函，故称函谷关。是中国历史上建置最早的雄关要塞。崤（xiáo）山与函谷关并称崤函，是中国古代军事战略重地，以地势险峻、关隘坚固、易守难攻著称。天下"九塞"之一。两千多年来，崤函地区一直是兵家必争之地
关中	地名，因为在"四关"之间而得名。"四关"指的是潼关、散关（大散关）、武关、萧关。现关中地区位于陕西省中部，包括西安、宝鸡、咸阳、渭南、铜川、杨凌五市一区

6. 原文翻译

　　（项羽领兵）将要攻取秦国本土关中之地。函谷关有重兵把守，军队不能进去。项羽又听说沛公已经攻破咸阳，非常生气，派当阳君等人攻打函谷关。项羽于是进入关中，来到戏水以西。沛公驻扎在霸上，没能和项羽相见。沛公的左司马曹无伤派人对项羽说："沛公想要在关中称王，任命子婴为相国，把全部奇珍异宝据为己有。"项羽非常生气，说："明天早晨犒劳士兵，为了打败沛公的军队！"在这个时候，项羽的士兵有四十万人，驻扎在新丰鸿门，沛公的士兵只有十万人，驻扎在霸上。范增劝项羽说："沛公在山东的时候，贪图财货，喜爱美女。现在进入关中，不收取财物，不亲近妇女，由此看来他的志向一定不小。我命人观望他头上的云气，都是龙虎之形，呈现五种颜色，这是天子的云气。赶快进攻，不要失去机会。

课堂笔记

1. 原文

　　行略定秦地。函谷关有兵守关，不得入。又闻沛公已破咸阳，项羽大怒，使当阳君等击关。项羽遂入，至于戏西。沛公军霸上，未得与项羽相见。沛公左司马曹无伤使人言于项羽曰："沛公欲王(wàng)关中，使子婴为相，珍宝尽有之。"项羽大怒，曰："旦日飨(xiǎng)士卒，为(wèi)击破沛公军！"当是时，项羽兵四十万，在新丰鸿门；沛公兵十万，在霸上。范增说(shuì)项羽曰："沛公居山东时，贪于财货，好美姬。今入关，财物无所取，妇女无所幸，此其志不在小。吾令人望其气，皆为龙虎，成五采，此天子气也。急击勿失。"

2. 笔记

◆ 行略定秦地。

行：

略：

秦地：

续表

- ◆ 函谷关有兵守关，不得入。

  函谷关：

- ◆ 又闻沛公已破咸阳，项羽大怒，使当阳君等击关。

  破：

- ◆ 项羽遂入，至于戏西。沛公军霸上，未得与项羽相见。

  沛公军霸上：

- ◆ 沛公左司马曹无伤使人言于项羽曰："沛公欲王关中，

  左司马：

  王：

- ◆ 使子婴为相，珍宝尽有之。"

  珍宝尽有之：

- ◆ 项羽大怒，曰："旦日飨士卒，为击破沛公军！"

  旦日：

  飨：

  为击破沛公军：

- ◆ 当是时，项羽兵四十万，在新丰鸿门；沛公兵十万，在霸上。

  项羽兵四十万：

  沛公兵十万：

- ◆ 范增说项羽曰："沛公居山东时，贪于财货，好美姬。

  说：

  贪于财货：

续表

好：	
◆ 今入关，**财物无所取**，**妇女无所幸**，此其志不在**小**。	
财物无所取：	
妇女无所幸：	
小：	
◆ 吾令人望其**气**，皆为龙虎，成五**采**，此天子气也。急击勿失。"	
气：	
采：	

课后练习

❶ 项羽为什么大怒？

　　A．项羽率军欲进入函谷关，却被刘邦的军队击败

　　B．刘邦竟然敢在自己之前攻入咸阳，这破坏了项羽称王关中的计划

❷ 范增向项羽讲述刘邦行为的目的是：

　　A．刘邦是大才，需要重用

　　B．刘邦志不在小，想要称王关中，此人必是项羽称王天下的心腹大患，要在他还没有发展起来之前消灭之

第二十九课

项伯夜访

课前介绍

楚怀王曾跟项羽等抗秦义军立下约定："先入关中者王（wàng）之"，就是谁先打下关中地区，就可以做关中王。本来项羽携巨鹿之战大胜秦军的威势，正要一气呵成带领军队平定关中，做关中王，继而消灭秦朝，称王天下。谁知道刚到函谷关就被挡在关外，一问才知道刘邦已经拿下了关中，而且还派兵守住函谷关不让其他军队进入。项羽这暴脾气肯定受不了，直接轻松攻占函谷关，而手下范增等人都希望项羽能杀掉刘邦，消灭隐患。一时之间刘邦危机四伏。面对强大的项羽军队，刘邦此时没有任何反抗的能力，那刘邦接下来的命运如何呢？

精读精讲

1. 原文

楚左尹项伯**者**，项羽季父**也**，**素善留侯张良**。张良是时**从**沛公，项伯乃**夜驰之**沛公军，**私见**张良，**具**告以事，欲**呼**张良与**俱**去，曰："毋从俱死也。"张良曰："臣为韩王**送**沛公，沛公今事**有**急，亡去不义，不可不**语**(yù)。"良乃入，具告沛公。沛公大惊，曰："**为之奈何**？"张良曰："谁**为**(wèi)大王**为**(wéi)此计**者**？"曰："**鲰**(zōu)**生**说我曰'**距**关，毋**内**(nà)诸侯，秦地可尽王也'。故听之。"良曰："**料**大王士卒足以**当**(dāng)项王乎？"沛公**默然**，曰："**固**不如也，**且**为之奈何？"张良曰："**请**往谓项伯，言沛公不敢**背**(bèi)项王也。"沛公曰："君**安**与项伯有**故**？"张良曰："秦时与臣**游**，项伯杀人，臣**活**之。今事有急，故**幸**来告良。"沛公曰："**孰**与君少长？"良曰："长**于**臣。"沛公曰："君为我呼入，吾得**兄事**之。"

2. 实词

(1) 素：一向，向来。
(2) 善：形容词作动词，友善，与……交好。
(3) 从：跟随。
(4) 夜：名词作状语，在夜里、连夜。
(5) 之：到。
(6) 私：私下，偷偷地。
(7) 见：进见，会见。
(8) 呼：唤，叫。
(9) 送：陪伴人到某一地点，陪送、送行。
(10) 义：名词作动词，守信义。
(11) 语：告诉。
(12) 奈何：如何，怎么办，常用于询问方式方法或情形状况。
(13) 鲰生：浅陋无知的小人。
(14) 距：通"拒"，据守。
(15) 内：通"纳"，放入、接纳。
(16) 料：估计，料想。
(17) 当：对等，比得上。
(18) 默：闭口不说话。
(19) 请：请求，这里指请让（允许）我。
(20) 背：背叛。
(21) 故：形容词作名词，交情。
(22) 游：交际，交往。
(23) 活：使动用法，使之活。
(24) 孰与：与……比，哪一个……
(25) 兄：名词作状语，像兄长一样。
(26) 事：侍奉。

3. 虚词

(1) 具：全，都。
(2) 俱：一起。
(3) 有（沛公今事有急）：形容词词头，用于形容词前，表程度加深。
(4) 为：①（谁为大王为此计者）介词，给、替。
　　　②（谁为大王为此计者）动词，做，引申为制定。
(5) 者（谁为大王为此计者）：用在句末，与疑问词相配合表示疑问。
(6) 然（沛公默然）：形容词词尾，……的样子。
(7) 固：副词，本来。
(8) 且：将，将要。
(9) 安（君安与项伯有故）：副词，表示疑问，相当于岂、怎么。
(10) 幸：幸亏，幸而。
(11) 于（长于臣）：介词，比。

4. 句式及语法积累

"……者，……也"常为判断句式，翻译成"……是……"	例句：楚左尹项伯者，项羽季父也
省略句	"欲呼张良与俱去"应为"欲呼张良与（之）俱去"，之指代项伯 "毋从俱死也"应为"毋从（之）俱死也"，之指代沛公 "不可不语"应为"不可不语（之）"，之指代刘邦 "君为我呼入"应为"君为我呼（之）入"，之指代项伯
宾语前置句	"为之奈何"应为"奈何之"

5. 古代文化常识积累

楚国官制	项梁在陈胜死后，拥立楚怀王之孙为新一任楚怀王，复立楚国，实行原楚国的官制。主要有令尹（相当于中原国家的相国），是除楚王以外，是最大的官；左尹、右尹（令尹的副手）；莫敖（没有具体的职司），但莫敖可代表楚王，其位置摆在令尹和司马之后；司马（主管国家兵权）：左司马、右司马（司马的副手）等
张良	刘邦的主要谋士，汉朝开国功臣，因封地为留，被刘邦封为留侯，与韩信、萧何并称为"汉初三杰"

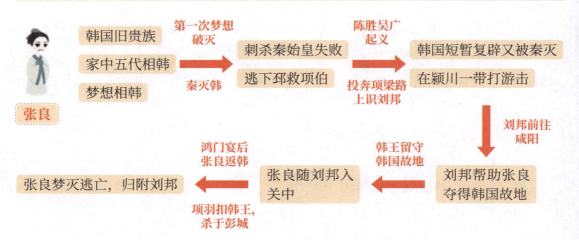

6. 原文翻译

　　楚国左尹项伯，是项羽的叔父，他和留侯张良一向关系很好。张良当时跟随沛公，项伯就在夜里骑马到沛公的军中，私下会见张良，把情况全部告知他，想要叫他和自己一起离开。项伯说："不要跟他们一起死。"张良说："我为韩王护送沛公，沛公现在有急难，我逃走是不仁义的，不能不告诉他。"张良于是进去，把情况全部告知沛公。沛公大惊，说："怎么办呢？"张良说："谁给大王出的这个主意？"沛公说："一个小人劝我说：'拒守函谷关，不要放诸侯进来，就可以在完全占有秦地而称王。'因此我听信了他的话。"张良说："大王估计自己的士兵能够抵挡项王吗？"沛公沉默片刻，说："当然不能抵挡，那又能怎么办呢？"张良说："请让我去告诉项伯，就说沛公不敢背叛项王。"沛公说："您怎么会与项伯有交情呢？"张良说："秦朝的时候，项伯和我有交往，他杀了人，我救了他一命。现在情况危急，所以幸亏他来告诉我。"沛公说："项伯与您相比，谁的年纪大？"张良说："他比我年纪大。"沛公说："您替我把他叫进来，我要以兄长的礼节待他。"

课堂笔记

1. 原文

　　楚左尹项伯**者**，项羽季父**也**，**素善**留侯张良。张良是时**从**沛公，项伯乃**夜驰之**沛公军，**私见**张良，**具**告以事，欲**呼**张良与**俱**去，曰："**毋**从俱死也。"张良曰："臣为韩王**送**沛公，沛公今事**有**急，亡去不**义**，不可不**语**（yù）。"良乃入，具告沛公。沛公大惊，曰："**为之奈何**？"张良曰："谁**为**（wèi）大王**为**（wéi）此计**者**？"曰："**鲰**（zōu）**生**说我曰'**距**关，毋**内**（nà）诸侯，秦地可尽王也'。故听之。"良曰："**料**大王士卒足以**当**（dāng）项王乎？"沛公**默然**，曰："**固**不如也，**且**为之奈何？"张良曰："请往谓项伯，言沛公不敢**背**（bèi）项王也。"沛公曰："君安与项伯有**故**？"张良曰："秦时与臣**游**，项伯杀人，臣**活**之。今事有急，故**幸**来告良。"沛公曰："**孰**与君少长？"良曰："长**于**臣。"沛公曰："君为我呼入，吾得**兄事**之。"

2. 笔记

◆ 楚左尹项伯者，项羽季父也，素善留侯张良。

……者……也：

素：

善：

◆ 张良是时从沛公，项伯乃夜驰之沛公军，

从：

夜：

之：

◆ 私见张良，具告以事，欲呼张良与俱去，曰："毋从俱死也。"

私：

见：

具：

呼：

俱：

◆ 张良曰："臣为韩王送沛公，沛公今事有急，亡去不义，不可不语。"

送：

有：

义：

语：

◆ 良乃入，具告沛公。沛公大惊，曰："为之奈何？"

为之奈何：

◆ 张良曰："谁为大王为此计者？"

续表

为（wèi）：

为（wéi）：

者：

◆曰："鲰生说我曰'距关，毋内诸侯，秦地可尽王也'。故听之。"

鲰生：

距：

内：

◆良曰："料大王士卒足以当项王乎？"

料：

当：

◆沛公默然，曰："固不如也，且为之奈何？"

默然：

固：

且：

◆张良曰："请往谓项伯，言沛公不敢背项王也。"

背：

◆沛公曰："君安与项伯有故？"

故：

◆张良曰："秦时与臣游，项伯杀人，臣活之。"

游：

活：

◆今事有急，故幸来告良。"沛公曰："孰与君少长？"

续表

笔记区	幸：
	孰与：
	◆ 良曰："长于臣。"沛公曰："君为我呼入，吾得兄事之。"
	于：
	兄：
	事：

课后练习

1 项伯夜访张良的原因是：

　　A. 向张良告密，说项羽要杀刘邦

　　B. 项伯和张良是好友，项伯希望说服张良赶紧离开，防止好友和刘邦一起被项羽杀了

2 张良知道项羽想要杀刘邦后的决定是：

　　A. 赶紧告知刘邦，和刘邦一起想办法

　　B. 责怪刘邦之前做决定时不过问自己的意见，决定离刘邦而去

3 刘邦为什么要像对待兄长一样对待项伯？

　　A. 因为项伯年龄较大，刘邦对年龄大的人比较尊敬

　　B. 因为刘邦想要让项伯帮忙去游说项羽，希望能让项羽不要杀他

第三十课

沛公会项伯

课前介绍

刘邦抢先攻下关中后，曹无伤派人向项羽告密说："沛公想在关中称王。"项羽大怒，下令准备攻打刘邦。此时，项羽拥兵40万，号称百万。刘邦拥兵10万，号称20万。兵力悬殊，形势对刘邦极为不利。项羽的叔父项伯，是张良的好友，他深夜到刘邦军中私见张良。告知项羽将要攻打刘邦的消息，希望张良连夜逃离。而张良则把消息告知刘邦，刘邦大惊，与张良商谈后发现能救他们的只有项伯，于是邀请会见项伯，期望项伯能帮忙说服项羽不要攻打刘邦。

精读精讲

1. 原文

张良出，**要**项伯。项伯即入见沛公。沛公**奉卮**酒为**寿**，约为**婚姻**，曰："吾入关，**秋毫**不敢有所**近**，**籍**吏民，封**府库**，而**待**将军。**所以**遣将守关者，**备**他盗之**出入**与**非常**也。**日夜望**将军至，岂敢**反**乎！愿**伯**具言**臣**之不敢**倍**德也。"项伯许诺。谓沛公曰："**旦日**不可不**蚤**自来**谢**项王。"沛公曰："诺。"于是项伯复夜**去**，至军中，具**以**沛公言**报**项王。**因**言曰："沛公不先破关中，公岂敢入乎？今人有大功**而**击之，不义也，不如因善**遇**之。"项王许诺。

2. 实词

(1) 要：通"邀"，邀请。

(2) 奉：献上，奉上。

(3) 卮：古代盛酒的器皿。

(4) 寿：（敬酒或赠送礼物）祝人长寿，祝寿。

(5) 婚姻：亲家，有婚姻关系的亲戚。

(6) 秋毫：鸟兽在秋天初生的细毛，比喻细小的东西。

(7) 近：接近，靠近。

(8) 籍：名词用作动词，记录，登记。

(9) 府库：古代指官府收藏文书、财物的地方。

(10) 待：等待，等候。

(11) 将军：指项羽。

(12) 所以：……的原因。

(13) 备：防备。

(14) 出入：古今异义词，古代指进来，是偏义复词。现代指进出。

(15) 非常：古今异义词，古代指意外的变故。现代指很、非常，副词。

(16) 日夜：名词作状语，每日每夜。

(17) 望：期望，盼望。

(18) 反：反叛，造反。

(19) 伯：指项伯，伯是项伯的字。

(20) 臣：古代官员对自己的谦称，这里指刘邦。

(21) 倍：通"背"，背叛、背弃。

(22) 旦日：第二天。

(23) 蚤：通"早"。

(24) 谢：道歉。

(25) 去：古今异义词，古代指离开，现代指从自己一方到另一方。

(26) 报：报告，告知。

(27) 因：趁着（机会）

(28) 遇：对待，接待。

3. 虚词

(1) 以（具以沛公言报项王）：
介词，把。

(2) 而（今人有大功而击之）：
连词，表转折，却，但是，然而。

4. 句式及语法积累

之——取消主谓之间独立性	王力在《古代汉语》一书中解释："所谓取消句子的独立性，就是使句子在形式上词组化，意思上不完整，如果不依赖一定的上下文，就不能独立存在。"文言文中，虚词"之"用为"取消句子独立性"时有两种情况：①降级作短语，成为更大句子的成分；② 降级成为分句，隶属于一个复句。例如"愿伯具言臣之不敢倍德也""师道之不传也久矣"中的"之"都是结构助词，取消主谓之间独立性，使连接的成分降级成为更大的句子成分，无实义
省略句	"旦日不可不蚤自来谢项王"应为"旦日（你）不可不蚤自来谢（于）项王"

5. 古代文化常识积累

寿宴	中国自古有为五十岁以上老人祝寿的传统，风俗因地而异，但都会大宴宾客，成为寿宴
古代联姻	联姻在中国古代是很正常的一种通过缔结婚姻来结成亲戚的方式，通常都是为了双方利益，特别是国与国之间的联姻，非常具有政治意义。例如文成公主进藏。这里刘邦与项伯约定为儿女亲家也是为了拉拢项伯，让项伯帮自己。但婚姻的本质是男女双方的自我意愿，因此在古代包办婚姻背景下涌现了许多抗争命运，追求自由恋爱的故事，例如梁山伯与祝英台
古人称谓	讳名称字。古人成年以后在社交场合互称其字以示尊敬，直呼其名则为不敬。如果君主称呼臣子的字，是抬举。但自己提及自己时不能称呼自己的字，这是一种自大的行为，应称自己的名

6. 原文翻译

　　张良出去，邀请项伯。项伯就进去见沛公。沛公捧着酒杯祝福项伯长寿，相约为儿女亲家，说："我进入关中，财物分毫不敢接受，将官吏民众登记在册，封存府库，并且等待将军的到来。我派将领把守关隘的原因，是为了防备别的盗贼出入以及发生意外。我从早到晚盼望将军到来，怎么敢反叛呢！请项兄向将军详细说明我不敢背弃恩德。"项伯答应了，对沛公说："明天一定要早点过来亲自向项王道歉。"沛公说："好。"于是项伯又连夜离去，回到军中，把沛公的话全部报知项王，随即对他说："沛公不先攻破关中，您怎么敢进关呢？现在人家立下大功却要攻打他，是不道义的，不如趁机善待他。"项王答应了。

课堂笔记

1. 原文

　　张良出，**要**(yāo)项伯。项伯即入见沛公。沛公**奉卮酒**(zhī)**为寿**，约为**婚姻**，曰："吾入关，**秋毫**不敢有所**近**，**籍**吏民，封**府库**，而**待**将军。**所以**遣将守关者，**备**他盗之**出入**与**非常**也。**日夜望**将军至，岂敢**反**乎！愿伯具言**臣**之不敢**倍**德也。"项伯许诺。谓沛公曰："**旦日**不可不**蚤**(zǎo)自来**谢**项王。"沛公曰：

楚汉篇

"诺。"于是项伯复夜**去**，至军中，具**以**沛公言**报**项王。**因**言曰："沛公不先破关中，公岂敢入乎？今人有大功**而**击之，不义也，不如因善**遇**之。"项王许诺。

2. 笔记

◆ 张良出，**要**项伯。项伯即入见沛公。	
要：	
◆ 沛公**奉卮酒**为**寿**，约为**婚姻**，曰："吾入关，**秋毫**不敢有所**近**，	
奉卮酒：	
寿：	
婚姻：	
秋毫：	
近：	
◆ **籍**吏民，封**府库**，而**待**将军。	
籍：	
府库：	
待：	
◆ **所以**遣将守关者，**备**他盗之**出入**与**非常**也。	
所以：	
备：	
出入：	
非常：	
◆ **日夜望**将军至，岂敢**反**乎！	

续表

日夜：	
望：	
反：	
◆ 愿伯具言臣之不敢倍德也。"	
臣：	
之：	
倍：	
◆ 项伯许诺。谓沛公曰："旦日不可不蚤自来谢项王。"沛公曰："诺。"	
旦日：	
蚤：	
谢：	
◆ 于是项伯复夜去，至军中，具以沛公言报项王。	
去：	
以：	
报：	
◆ 因言曰："沛公不先破关中，公岂敢入乎？	
因：	
◆ 今人有大功而击之，不义也，不如因善遇之。"项王许诺。	
而：	
遇：	

课后练习

1 刘邦在请求项伯帮忙之前,是怎么快速地拉近和项伯的关系的?

    A. 刘邦和项伯大谈张良的救命之恩,希望项伯看在张良救命的分上,能够帮助他

    B. 和项伯约定结为儿女亲家

2 项伯成功说服项羽了吗?

    A. 成功了,项羽同意不攻打刘邦

    B. 没成功,项羽为了不伤项伯的面子,只是假装同意

第三十一课

项庄舞剑

课前介绍

张良和刘邦通过拉拢项伯，决定采取委曲求全的策略，第二天亲自到向项羽谢罪，项羽在鸿门接见了刘邦，刘邦对项羽说："当初我和将军一起攻打秦军，您在河北作战，我在河南作战，自己也没料到能够先打进关中，攻破咸阳。我自从进关以来，什么东西都未敢动，日夜盼望大王早日到来。我派军队把守关口，也只是为了维护秩序，防止盗贼，绝没有与项王分庭抗礼的意思。"项羽是个大老粗脾气，见刘邦如此谦恭，心头的怒火很快就烟消云散了。他立刻换了语气，叫人摆上酒席宴请刘邦。而范增等一心想要杀掉刘邦的人，绝不能看着项羽放过刘邦，接下来，让我们一起学习了解很多同学都知道的"项庄舞剑，意在沛公"的故事！

精读精讲

1. 原文

沛公旦日**从**百余**骑**来见项王，至鸿门，谢曰："臣与将军**戮(lù)力**而攻秦，**将军战河北**，**臣战河南**，**然**不自**意**能先入关破秦，**得**复见将军于此。今**者**有小人之言，令将军与臣有**郤**(xì)。"项王曰："**此沛公左司马曹无伤言之**，不然，**籍何以至此**。"项王**即日因**留沛公与饮。**项王、项伯东向坐**。**亚父**南向坐。亚父者，范增也。沛公北向坐，张良西向**侍**。范增**数**(shuò)**目**项王，举所佩**玉玦**以示之者**三**，项王默然不应。范增**起**，出召**项庄**，谓曰："君王**为人**不**忍**，**若**入前为寿，寿毕，请以剑舞，**因击沛公于坐**，杀之。不者，**若属**皆且为所虏。"庄则入为寿，寿毕，曰："君王与沛公饮，军中**无以**为**乐**，请以剑舞。"项王曰："诺。"项庄拔剑起舞，项伯亦拔剑起舞，常**以**身**翼蔽**沛公，庄不得**击**。于是张良至军门，见樊哙(kuài)。樊哙曰："今日之事何如？"良曰："甚急。今者项庄拔剑舞，其**意**常在沛公也。"哙曰："此**迫**矣，臣请入，**与之同命**。"

2. 实词

(1) 从：率领，带领。
(2) 骑：一人一马的合称（古汉语读 jì）。
(3) 戮力：通"勠力"，合力、并力。
(4) 河北：黄河以北。
(5) 河南：黄河以南。
(6) 意：猜测，料想。
(7) 得：可以，能够。
(8) 郤：通"隙"，隔阂，嫌隙，指感情不和。
(9) 即日：当天，当日。
(10) 亚父：项羽对范增的尊称。意思是仅次于父亲。亚，次，次于。
(11) 侍：在尊长旁边陪着，这里指陪坐。
(12) 数：屡次，多次。
(13) 目：动词，递眼色、以眼色示意。
(14) 玉玦：环形有缺口的佩玉。
(15) 三：非具体数目，这里指多次。
(16) 起：站起，起来。
(17) 项庄：项羽的堂弟。
(18) 为人：做人和跟人交往的态度。
(19) 忍：残忍，狠心。
(20) 若属：你们这些人。若，第二人称，你（们），你（们）的。
(21) 坐：通"座"，座位。
(22) 无以：没有用来……的。
(23) 乐：喜悦、高兴。
(24) 翼：名词作状语，像小鸟张开翅膀一样。
(25) 蔽：遮住，遮掩。
(26) 击：刺，杀。
(27) 意：心意，意图。
(28) 迫：紧迫，急迫。
(29) 与之同命：跟他同生死。意思是要守卫在刘邦身旁，竭力保护他。之，指刘邦。

3. 虚词

(1) 然（然不自意能先入关破秦）：连词，表转折，可译为然而、不过、但是。
(2) 者（今者有小人之言）：用在表时间的名词后面，表示停顿。
(3) 因：于是、就。
(4) 以（常以身翼蔽沛公）：介词，用；拿。

4. 句式及语法积累

无标志判断句	例句：此沛公左司马曹无伤言之
状语后置句	"将军战河北，臣战河南"应为"将军（于）河北战，臣（于）河南战""因击沛公于坐"应为"因（于坐）击沛公"

省略句	"将军战河北，臣战河南"应为"将军（于）河北战，臣（于）河南战"
宾语前置句	"籍何以至此"应为"籍以何至此" "项王、项伯东向坐"应为"项王、项伯向东坐"

文言文特殊句式分类：

文言文特殊句式常见分类

倒装句 —— 省略句 —— 被动句 —— 判断句

主谓倒装 — 定语后置 — 状语后置 — 宾语前置

5. 古代文化常识积累

古代座次	古代座次体现一个人的地位尊卑。通常以北为尊、以东为尊。以舒适安全为尊。宴席中东向为最尊，次为南向，再次为北向，最次为西向侍坐。文中的座位体现地位从高到低依次为：项羽＞项伯＞范增＞刘邦＞张良
玉玦	佩玉的一种，形如环而有缺口。"玦""决"同音，故古人每用"玉玦"表示决断或决绝之意。范增用玉玦暗示项羽要下决心除掉刘邦
樊哙	樊哙出身寒微，靠屠宰为生，与刘邦交好，是刘邦同乡。后跟随刘邦起义，骁勇善战，为刘邦麾下勇猛的战将，是汉朝开国功臣。樊哙与刘邦关系好还有一个原因是樊哙妻子是吕后（刘邦妻子）的妹妹

6. 原文翻译

　　沛公在第二天带领一百多骑兵来见项王，到达鸿门，谢罪说："我和将军合力而攻打秦国，将军在河北作战，我在河南作战，然而我自己也没想到能够先入关打败秦军，得以在这里再次见到将军。现在有小人进谗言，使将军和我产生矛盾。"项王说："这是沛公的左司马曹无伤说的，不是这样的话，我怎么会这么生气？"项王当天就留下沛

楚汉篇

公一同宴饮。项王、项伯朝东而坐。亚父朝南而坐。亚父，就是范增。沛公朝北而坐，张良朝西陪坐。范增多次对项王使眼色，多次举起自己所佩戴的玉玦向项王示意，项王沉默不回应。范增起身，出去找来项庄，对他说："君王为人不够狠心，你进去上前敬酒，敬酒之后，请求舞剑，趁机袭击座位上的沛公，把他杀死。不这样的话，你们都将被他所擒获。"项庄就进去敬酒，敬酒之后，说："君王和沛公饮酒，军中没有什么可以取乐，请让我舞剑。"项王说："好。"项庄拔剑起舞，项伯也拔剑起舞，总是用身体保护沛公，项庄没有机会袭击沛公。这时张良来到军门，见到樊哙。樊哙说："今天的情况怎么样？"张良说："非常危急。现在项庄拔剑起舞，他的意图常在沛公身上。"樊哙说："这太紧急了，请让我进去，（与沛公）同生共死。"

课堂笔记

1. 原文

　　沛公旦日从百余骑来见项王，至鸿门，谢曰："臣与将军戮力而攻秦，将军战河北，臣战河南，然不自意能先入关破秦，得复见将军于此。今者有小人之言，令将军与臣有郤。"项王曰："此沛公左司马曹无伤言之，不然，籍何以至此。"项王即日因留沛公与饮。项王、项伯东向坐。亚父南向坐。亚父者，范增也。沛公北向坐，张良西向侍。范增数目项王，举所佩玉玦以示之者三，项王默然不应。范增起，出召项庄，谓曰："君王为人不忍，若入前为寿，寿毕，请以剑舞，因击沛公于坐，杀之。不者，若属皆且为所虏。"庄则入为寿，寿毕，曰："君王与沛公饮，军中无以为乐，请以剑舞。"项王曰："诺。"项庄拔剑起舞，项伯亦拔剑起舞，常以身翼蔽沛公，庄不得击。于是张良至军门，见樊哙。樊哙曰："今日之事何如？"良曰："甚急。今者项庄拔剑舞，其意常在沛公也。"哙曰："此迫矣，臣请入，与之同命。"

2. 笔记

◆ 沛公旦日**从**百余**骑**来见项王,至鸿门,

从:

骑:

◆ 谢曰:"臣与将军**戮力**而攻秦,**将军战河北**,**臣战河南**,

戮力:

将军战河北:

臣战河南:

◆ **然**不自**意**能先入关破秦,**得**复见将军于此。

然:

意:

得:

◆ 今**者**有小人之言,令将军与臣有**郤**。"

者:

郤:

◆ 项王曰:"**此沛公左司马曹无伤言之**,不然,**籍何以至此**。"

此沛公左司马曹无伤言之:

籍何以至此:

◆ 项王**即日因**留沛公与饮。**项王、项伯东向坐**。

即日:

因:

项王、项伯东向坐:

◆ **亚父**南向坐。亚父者,范增也。沛公北向坐,张良西向**侍**。

亚父：	
侍：	
◆ 范增**数目**项王，举所佩**玉玦**以示之者**三**，项王默然不应。	
数：	
目：	
玉玦：	
三：	
◆ 范增**起**，出召项庄，谓曰："君王**为人**不**忍**，**若**入前为寿，	
起：	
为人：	
忍：	
若：	
◆ 寿毕，请以剑舞，**因击沛公于坐**，杀之。	
因击沛公于坐：	
◆ 不者，**若属**皆且为所虏。"	
若属：	
◆ 庄则入为寿，寿毕，曰："君王与沛公饮，军中**无以**为**乐**，请以剑舞。"	
无以：	
乐：	
◆ 项庄拔剑起舞，项伯亦拔剑起舞，常以身**翼**蔽沛公，庄不得**击**。	
翼：	

续表

	蔽：
	击：
◆ 良曰："甚急。今者项庄拔剑舞，其**意**常在沛公也。"	
	意：
◆ 哙曰："此**迫**矣，臣请入，**与之同命**。"	
	迫：
	与之同命：

课后练习

❶ 如何看待项羽出卖曹无伤的操作？

　A．项羽性情直率，不喜欢出卖别人的小人

　B．项羽政治水平低下，今天可以出卖曹无伤，明天就可能会出卖其他人，敌方的将领不敢再投奔他了

❷ 鸿门宴中，是谁一直想要杀掉刘邦？

　A．范增

　B．项庄

❸ 项庄舞剑，意在沛公的意思是：

　A．项庄的剑舞的很好，他很在意沛公对他剑法的看法

　B．项庄舞剑名为助兴，实际目的是刺杀沛公，常用来形容打着正常的名义，却别有用心，另有所图

楚汉篇

第三十二课

樊哙救急

课前介绍

刘邦去找项羽谢罪，项羽在鸿门接见了刘邦，而项羽的谋士范增安排项庄舞剑，想要借此杀死沛公，在这危急关头，刘邦和张良一方到底要如何应对？

精读精讲

1. 原文

哙即带剑**拥**盾入军门。**交戟之卫士**欲**止**不**内**，樊哙**侧**其盾**以**撞，卫士**仆**地，哙遂入，**披帷**西向立，**瞋目**视项王，头发**上指**，**目眦**尽裂。项王按剑而**跽**曰："**客何为者**？"张良曰："沛公之**参乘**樊哙**者也**。"项王曰："壮士，赐之**卮**酒。"则与斗卮酒。哙拜谢，起，立而饮之。项王曰："赐之**彘肩**。"则与一生彘肩。樊哙**覆**其盾于地，**加**彘肩上，拔剑切而**啖**之。项王曰："壮士，能复饮乎？"樊哙曰："臣死**且**不避，卮酒安足**辞**！**夫**秦王有**虎狼之心**，杀人如不能**举**，**刑**人如恐不**胜**，天下皆叛之。**怀王**与诸将**约**曰'先破秦入咸阳者王之'。今沛公先破秦入咸阳，**豪**毛不敢有所近，封闭宫室，**还**军霸上，以待大王来。**故**遣将守关者，备他盗**出入**与**非常**也。**劳苦**而功高如此，未有封侯之赏，而听**细说**，欲诛有功之人。此亡秦之续耳，**窃**为大王不取也。"**项王未有以应**，曰："坐。"樊哙从良坐。坐须臾，沛公起**如厕**，因招樊哙出。

2. 实词

(1) 拥：拿着、持着。

(2) 交戟之卫士：用戟交叉着守卫营门的兵士。

(3) 止：阻止、禁止。

(4) 内：通"纳"，进入、放入。
(5) 侧：斜，倾斜。
(6) 仆：跌倒，倒下。
(7) 披帷：掀开帷幕。披，分开。帷，围在四周的幕布。
(8) 瞋目：瞪着眼睛。
(9) 上：名词作状语，向上。
(10) 指：直立，竖着。
(11) 目眦：眼角。
(12) 跽：跪起。指臀部离开小腿，身子挺直，这种跪姿也叫长跪，又叫作跽。
(13) 参乘：古时站在车右陪乘或担任警卫的人。
(14) 斗卮：容量为一斗的酒杯，这里一斗约为现在两升左右。斗，盛酒的容器。
(15) 彘肩：猪腿带肩胛，即一整条猪腿。彘，猪。
(16) 与：给。
(17) 覆：翻，翻转过来。
(18) 辞：推辞，推脱。
(19) 虎狼之心：表示这个人凶残，暴戾，有野心。
(20) 举：全。
(21) 刑：名词作动词，施刑。
(22) 胜：尽。
(23) 约：约定。
(24) 豪：通"毫"，长而细的毛。
(25) 还：返回，退回。
(26) 出入：古义为进来，偏义复词；今义为进出。
(27) 非常：古义为意外的变故；今义为很、非常，副词。
(28) 劳苦：辛苦，辛劳。
(29) 细说：小人的谗言。
(30) 窃：常用作表示个人意见的谦辞。
(31) 如厕：到厕所去。即上厕所。

3. 虚词

(1) 以（樊哙侧其盾以撞）：连词，表示修饰关系，相当于"而"，可不译。
(2) 且（臣死且不避）：尚且。
(3) 夫（夫秦王有虎狼之心）：语气词，放在句首，表示将发议论。
(4) 故：特意。

4. 句式及语法积累

| "……者也"判断句式，可以翻译成"……是……"，也可不译 | 例句：沛公之参乘樊哙者也 |

续表

有以固定句式，"有……用来……"。常和"未"连用	例句：臣乃得有以报太子 项王未有以应 暴未有以对也
宾语前置句	"客何为者"应为"客为何者"
省略句	"则与一生彘肩"应为"则与（之）一生彘肩"，之指樊哙 "加彘肩上"应为"加彘肩（于盾）上" "杀人如不能举"应为"杀人如（恐）不能举" "还军霸上"应为"还军（于）霸上"

5. 古代文化常识积累

戟	戟，是戈和矛的合体，也就是在戈的头部再装矛尖。具有勾斫（zhuó）和刺击双重功能的格斗兵器。戟的出现在我国推动了战国时期的到来。戟一方面作为仪仗兵器，一方面作为从先秦至秦汉魏晋军中装备的制式装备。2007年出土于兵马俑坑中的吕不韦戟，由青铜戈和矛以及木柄组成，全长2.87米，是国内发现的唯一一件保存完整的青铜戟
怀王	名心，是战国时期楚怀王之孙。项梁起兵，立他为王，也称楚怀王。破秦后，项羽尊他为义帝，后来又令人把他杀了
古代上厕所的雅称	如厕、出恭、净手、解手

6. 原文翻译

　　樊哙立即带剑持盾进入军门。交戟守门的卫士想要阻拦不让他进去，樊哙侧过他的盾撞过去，卫士倒在地上，樊哙于是进入大帐，他揭开帷幕朝西站立，瞪着眼睛看着项王，头发向上竖起，眼眶都要破裂了。项王立即伸手握住宝剑，挺直了上身说："客人是干什么的?"张良说:"这是沛公的参乘樊哙。"项王说:"壮士,赐给他一杯酒。"侍卫就给他盛满一斗酒的大杯。樊哙拜谢后,起身,站着一饮而尽。项王说:"赐给他猪腿。"侍卫就给他一只生猪腿。樊哙将盾放倒在地上,把猪腿放在盾上,拔出剑来切肉吃。项王说:"壮士,还能再饮酒吗?"樊哙说:"我连死都不怕,又怎么会拒绝一杯酒呢!那秦王有虎狼之心,杀人就像担心杀不尽一样,用刑就像担心不够重一样,天下人都背叛了他。怀王和众将领约定说:'先打败秦军进入咸阳的人就可以在关中称王。'现在沛公率先打败秦军进入咸阳,财物分毫不敢接受,还封闭宫室,回到霸上驻扎,以此等待大王到来。派将士把守关口的原因,是防备别的盗贼出入和发生意外。像(沛公)这样劳苦而功高,(您)不但没有封侯的奖赏,而且听信闲言碎语,想要诛杀有功的人。这只是在重走灭亡的秦朝的老路罢了,我私下里认为大王的做法不可取。"项王不能回应,只是说:"请坐。"樊哙在张良旁边坐下。坐了不久,沛公起身上厕所,顺便叫樊哙出来。

课堂笔记

1. 原文

哙即带剑**拥**盾入军门。**交戟之卫士**欲**止**不**内**,樊哙**侧**其盾**以**撞,卫士**仆**地,哙遂入,**披帷**西向立,**瞋目**视项王,头发**上指**,目**眦**尽裂。项王按剑而**跽**曰:"**客何为者**?"张良曰:"沛公之**参乘**樊哙者也。"项王曰:"壮士,赐之**卮**酒。"则与**斗卮**酒。哙拜谢,起,立而饮之。项王曰:"赐之**彘肩**。"**则与**一生**彘肩**。樊哙**覆**其盾于地,加彘肩上,拔剑切而**啖**之。项王曰:"壮士,能复饮乎?"樊哙曰:"臣死**且**不避,卮酒安足**辞**!**夫**秦王有**虎狼之心**,杀人如不能**举**,**刑**人如恐不**胜**,天下皆叛之。怀王与诸将**约**曰'先破秦入咸阳者王之'。今沛公先破秦入咸阳,**豪**毛不敢有所近,封闭宫室,**还**军霸上,以待大王来。**故**遣将守关者,备他盗**出入**与**非常**也。**劳苦**而功高如此,未有封侯之赏,而听**细说**,欲诛有功之人。此亡秦之续耳,**窃**为大王不取也。"**项王未有以应**,曰:"坐。"樊哙从良坐。坐须臾,沛公起**如厕**,因招樊哙出。

2. 笔记

- 哙即带剑**拥**盾入军门。**交戟之卫士**欲**止**不**内**，

  拥：

  交戟之卫士：

  止：

  内：

- 樊哙**侧**其盾**以**撞，卫士**仆**地，

  侧：

  以：

  仆：

- 哙遂入，**披帷**西向立，

  披帷：

- **瞋目**视项王，头发**上指**，目眦尽裂。

  瞋目：

  上指：

- 项王按剑而**跽**曰："**客何为者**？"

  跽：

  客何为者：

- 张良曰："沛公之**参乘**樊哙者也。"

  参乘：

- 项王曰："壮士，赐之卮酒。"则与**斗卮**酒。哙拜谢，起，立而饮之。

  斗卮：

- 项王曰："赐之彘肩。"**则与一生彘肩**。

续表

则与一生彘肩:	
◆ 樊哙**覆**其盾于地，加彘肩上，拔剑切而啖之。	
覆：	
◆ 樊哙曰："臣死**且**不避，卮酒安足**辞**！	
且：	
辞：	
◆ **夫**秦王有**虎狼之心**，杀人如不能**举**，**刑**人如恐不**胜**，天下皆叛之。	
夫：	
虎狼之心：	
举：	
刑：	
胜：	
◆ 怀王与诸将**约**曰'先破秦入咸阳者王之'。今沛公先破秦入咸阳，	
约：	
◆ **豪**毛不敢有所近，封闭宫室，**还**军霸上，以待大王来。	
豪：	
还：	
◆ **故**遣将守关者，备他盗**出入**与**非常**也。	
故：	
出入：	
非常：	
◆ **劳苦**而功高如此，未有封侯之赏，而听**细说**，欲诛有功之人。	

楚汉篇

续表

笔记区	劳苦：
	细说：
	◆ 此亡秦之续耳，窃为大王不取也。"
	窃：
	◆ 项王未有以应，曰："坐。"樊哙从良坐。
	项王未有以应：
	◆ 坐须臾，沛公起如厕，因招樊哙出。
	如厕：

课后练习

❶ 面对樊哙鲁莽无礼的行为，项羽是什么反应？

　　A．项羽欣赏他的勇猛忠心

　　B．项羽非常生气

❷ 樊哙是一个什么样的人？

　　A．有勇无谋，粗鲁莽撞之人

　　B．有勇有谋，忠勇神武、足智多谋

第三十三课

沛公脱逃

课前介绍

在鸿门宴上，项羽的亚父范增一心想要除掉刘邦，安排项庄舞剑，想要借此杀死沛公。在这危急关头，刘邦的手下樊哙闯入，直面霸王项羽，面不改色，陈述大义，动摇了项羽对刘邦的必杀之心。而随后，刘邦也借着上厕所的机会，没有向项羽告辞，就匆忙逃回军营。从此之后，刘邦项羽之争的天平开始倾斜。

精读精讲

1. 原文

沛公已出，项王使**都尉陈平**召沛公。沛公曰："今者出，未**辞**也，为之奈何？"樊哙曰："**大行不顾细谨，大礼不辞小让**。如今人方为**刀**zǔ**俎**，我为**鱼肉**，何辞**为**？"于是遂去。乃令张良留**谢**。良问曰："**大王来何操**？"曰："我持白**璧**一双，欲献项王，玉斗一双，欲与亚父。**会**其怒，不敢献。公为我献之。"张良曰："**谨诺**。"当是时，项王军在**鸿门**下，沛公军在**霸**上，相去四十**里**。沛公则**置**车骑，脱身独骑，与樊哙、**夏侯婴**、jìn**靳**强、纪信等四人持剑盾步**走**，从lí**郦**山下，jiàn**道芷阳间行**。沛公谓张良曰："从此道至吾军，不过二十里耳。duó**度**我至军中，公乃入。"沛公已去，间至军中。张良入谢，曰："沛公**不胜杯**sháo**杓**，不能辞。谨使臣良奉白璧一双，**再拜**献大王**足下**；玉斗一双，再拜奉**大将军**足下。"项王曰："**沛公安在**？"良曰："闻大王有意**督**过之，**脱身**独去，已至军矣。"项王则**受**璧，置之坐上。亚父受玉斗，置之地，拔剑**撞**而破之，曰："唉！**竖子**不足与谋！**夺项王天下者，必沛公也**。**吾属今为之虏**yǐ**矣**！"沛公至军，**立**诛杀曹无伤。

2. 实词

(1) 都尉：武官名，秦汉时期仅次于将军的中高级将领。

(2) 陈平：项羽的部下，后来成为刘邦的谋士，是西汉的开国功臣之一。

(3) 辞：辞别，告别。

(4) 大行不顾细谨，大礼不辞小让：做大事不必理会细枝末节，行大礼不用回避小的责备。

(5) 刀俎：切肉的刀和砧（zhēn）板。

(6) 鱼肉：鱼和肉，被宰割烹煮之物。

(7) 谢：辞别。

(8) 操：拿。

(9) 鸿门：在新丰东，新丰是县名，秦时原名骊邑，在今陕西省临潼东。

(10) 霸上：即霸水之西的白鹿原，在今陕西省西安市东南。

(11) 里：长度单位。

(12) 置：放弃，放到一边。

(13) 夏侯婴：沛人，与刘邦有旧交情，跟随刘邦起义。为太仆，号腾公。

(14) 靳强：从刘邦起于阳夏（jiǎ），以击项羽有功，后封为汾阳侯。

(15) 纪信：刘邦手下的武将，后项羽围刘邦于荥阳。他装作刘邦来骗项军，刘邦因得逃脱，结果被项羽烧死。

(16) 走：跑。

(17) 郦山：即骊山，在今陕西临潼东南。

(18) 道：取道、经过。

(19) 芷阳：秦代县名，在今陕西西安东。

(20) 间行：秘密地走。间，秘密地、悄悄地。这里引申为走小路。

(21) 度：估计，推测。

(22) 不胜杯杓：禁不起多喝酒。意思是醉了。胜，承受。杯杓，酒器，借指饮酒。

(23) 再拜：拜两拜，古代一种较重的礼节。

(24) 足下：是对对方的尊称，相当于"您"。下称上或同辈相称的敬词。

(25) 大将军：指范增。

(26) 安，代词，哪里。

(27) 督过：责备，责罚。督，责罚。过，责备。

(28) 脱身：离开某种场合或摆脱某件事情。

(29) 受：接受。

(30) 撞：猛然相碰，碰击，撞击。

(31) 竖子：骂人的话，相当于"小子"。

(32) 立：立刻，马上。

3. 虚词

(1) 为（何辞为）：语气助词，用于句末，表示反问。

（2）会：正好、恰巧。

（3）谨诺：敬语，表示应允、遵命。

（4）矣（吾属今为之虏矣）：语气词，相当于"了"。

4. 句式及语法积累

……者，……也	判断句式，可以翻译成"……是……"，也可不译："夺项王天下者，必沛公也"
……为……	被动句标志之一："吾属今为之虏矣"
宾语前置句	"大王来何操"应为"大王来操何" "沛公安在"应为"沛公在安"

5. 古代文化常识积累

陈平	陈平，阳武户牖（yǒu）乡人（今河南原阳东南）。少时贫寒，长相俊美，心有大志。陈胜吴广起义后先投奔魏王，被小人中伤，转而投向项羽。刘邦和项羽闹翻以后攻下属于项羽阵营的殷地，项羽大怒，欲杀殷地将领官员。陈平知道消息后怕被杀，逃跑投奔刘邦。他多次献策拯救刘邦于危难之中。汉孝惠帝时期，官至左丞相
古代宴会礼节	中国是礼仪之邦，特别是古代，有一整套的礼仪制度。古人从邀请、入座、上菜、进食等都极有讲究。宴会前后主人要热情招待客人，宾客辞行要向主人答谢。即使到了现代，不向主人打一声招呼就离开也是不礼貌的行为。除此之外，客人拜见主人、卑者朝见尊者的时候他们一般都需要亲自在宴会正式开始时向主人或尊者进献礼物
璧	璧是一种圆形扁平状的玉器，中央有一个圆孔。我国古人的宇宙观是天圆地方，天上面镶嵌着日月星辰，因此玉璧也做成圆的，中央的圆孔代表着日月。璧是"六瑞"（六种礼玉）中出现最早、使用时间最长的一种礼玉。这也反映出古人最早的对天的一种敬意

续表

古代一里有多少米	古代人用脚测量长度。先秦时商鞅规定单脚迈出一次为跬（kuǐ），双脚相继迈出的距离为步。周制以八尺为一步，秦制以六尺为一步，300 步为一里。古代的一步相当于现代的 0.231 米，周秦时期的一里也就相当于现代的 415 米左右。历代都有一些变化。1929 年中国全面完成过渡，标准化使用公制（一里等于 500 米），一公里就是 1000 米
拜礼	古代拜礼不仅包括跪拜礼还包括长躬作揖。普通见面一般作揖即可。拜两拜是比较重的礼节

6. 原文翻译

　　沛公出去以后，项王派都尉陈平叫沛公回来。沛公说："我们现在出去，没有辞行，怎么办呢？"樊哙说："做大事就不要顾及小的礼数，持大节就不要回避小的责备。现在别人是刀和砧板，我们是待宰割的鱼和肉，还告辞做什么？"于是离去。沛公临走时命令张良留下道歉。张良问道："大王来时带了什么？"沛公说："我带来一双白璧，想献给项王，一双玉斗，想送给亚父，正赶上他们生气，没敢进献。您替我献给他们。"张良说："遵命。"在这个时候，项王的军队在鸿门下，沛公的军队在霸上，距离四十里。沛公则丢下车骑，独自骑马逃脱，樊哙、夏侯婴、靳强、纪信等四人带剑持盾跑步，从郦山下，经芷阳走小路。沛公对张良说："从这条路到我的军营，只有二十里路罢了。估计我已经回到军中，您再进去。"沛公离去以后，走小路回到军中。张良进去道歉，说："沛公不胜酒力，不能亲自辞行。特意让我奉上白璧一双，拜献大王；玉斗一双，拜送大将军。"项王说："沛公在哪里？"张良说："听说大王有责备他的意思，就独自脱身而去，现在已经回到军中了。"项王则接过玉璧，放在座席上。亚父接过玉斗，扔在地上，拔剑将其砍碎，说："唉！这小子不足以谋大事。夺取项王天下的，一定是沛公，我们都要被他俘虏了。"沛公回到军中，立刻诛杀曹无伤。

课堂笔记

1. 原文

　　沛公已出，项王使**都尉**陈平召沛公。沛公曰："今者出，未**辞**也，为之奈何？"樊哙曰："**大行不顾细谨**，**大礼不辞小让**。如今人方为**刀俎**（zǔ），我为鱼肉，何辞为？"于是遂去。乃令张良留谢。良问曰："大王来何操？"
曰："我持白璧一双，欲献项王，玉斗一双，欲与亚父。会其怒，不敢献。
公为我献之。"张良曰："谨诺。"当是时，项王军在鸿门下，沛公军在
霸上，相去四十里。沛公则置车骑，脱身独骑，与樊哙、夏侯婴、靳强、
纪信等四人持剑盾步走，从郦山下，道芷阳间行。沛公谓张良曰："从此
道至吾军，不过二十里耳。度我至军中，公乃入。"沛公已去，间至军中。
张良入谢，曰："沛公不胜杯杓，不能辞。谨使臣良奉白璧一双，再拜献
大王足下；玉斗一双，再拜奉大将军足下。"项王曰："沛公安在？"良
曰："闻大王有意督过之，脱身独去，已至军矣。"项王则受璧，置之坐
上。亚父受玉斗，置之地，拔剑撞而破之，曰："唉！竖子不足与谋！夺
项王天下者，必沛公也。吾属今为之虏矣！"沛公至军，立诛杀曹无伤。

2. 笔记

◆ 沛公已出，项王使都尉陈平召沛公。

都尉：

◆ 沛公曰："今者出，未辞也，为之奈何？"

辞：

◆ 樊哙曰："大行不顾细谨，大礼不辞小让。

大行不顾细谨，大礼不辞小让：

◆ 如今人方为刀俎，我为鱼肉，何辞为？"

刀俎：

鱼肉：

◆ 于是遂去。乃令张良留谢。

谢：

楚汉篇

◆ 良问曰："大王来何操？"	
大王来何操：	
◆ 曰："我持白璧一双，欲献项王，玉斗一双，欲与亚父。	
璧：	
◆ 会其怒，不敢献。公为我献之。"张良曰："谨诺。"	
会：	
谨诺：	
◆ 当是时，项王军在鸿门下，沛公军在霸上，相去四十里。	
里：	
◆ 沛公则置车骑，脱身独骑，	
置：	
◆ 与樊哙、夏侯婴、靳强、纪信等四人持剑盾步走，	
走：	
◆ 从郦山下，道芷阳间行。	
道：	
间行：	
◆ 沛公谓张良曰："从此道至吾军，不过二十里耳。度我至军中，公乃入。"	
度：	
◆ 沛公已去，间至军中。张良入谢，曰："沛公不胜杯杓，不能辞。	
不胜杯杓：	
◆ 谨使臣良奉白璧一双，再拜献大王足下；玉斗一双，再拜奉大将军足下。"	

续表

再拜：
足下：
大将军：
◆项王曰："沛公安在？"
沛公安在：
◆良曰："闻大王有意督过之，脱身独去，已至军矣。"
督过：
脱身：
◆项王则受璧，置之坐上。
受：
◆亚父受玉斗，置之地，拔剑撞而破之，曰："唉！竖子不足与谋！
撞：
竖子：
◆夺项王天下者，必沛公也。吾属今为之虏矣！"
夺项王天下者，必沛公也：
吾属今为之虏矣：
◆沛公至军，立诛杀曹无伤。
立：

课后练习

❶ "人为刀俎，我为鱼肉"这句话是谁说的？

    A．项羽

    B．樊哙

❷ 刘邦从鸿门宴出来后，马上选择了：
   A. 逃回军营
   B. 躲进骊山

❸ 亚父说"竖子不足与谋"，这里的竖子指的是谁？
   A. 项羽
   B. 刘邦

第三十四课

离间计

课前介绍

鸿门宴上，项羽优柔寡断，放虎归山，从此，项羽和刘邦之间的楚汉之争正式拉开了序幕。但其实楚汉之争的结局，从鸿门宴上刘邦和项羽的表现，已经预示了最终的结局。鸿门宴后，项羽没有杀掉刘邦，而是封刘邦为汉王，管理西蜀地区。项羽因为对秦人的厌恶，放弃了位置更为重要的咸阳，定都彭城，使得关中地区管辖不够，防御不足。随后刘邦出兵关中，项羽被韩信暗度陈仓击败。楚汉战争仅仅持续了四年，刘邦就击败了比自己强大很多的项羽一方，建立汉朝。那么刘邦集团是如何快速击破项羽势力的，我们一起学习一下。

精读精讲

1. 原文

汉之三年，项王数(shuò)**侵**夺汉甬道，汉王食**乏**，恐，请和，**割**荥阳以西为汉。项王欲听之。历阳侯范增曰："汉**易与**耳，今释弗**取**，后必悔之。"项王乃与范增**急**围荥阳。汉王**患**之，乃用陈平计间(jiàn)项王。项王使者来，为**太牢具**，举欲进之。见使者，**详**(yáng)惊愕曰："吾以为亚父使者，**乃反**项王使者。"**更**(gèng)持去，以**恶食食**(sì)项王使者。**使者归报项王**，项王乃疑范增与汉**有私**，**稍**夺之权。范增大怒，曰："天下事大定矣，君王**自为之**。愿**赐骸**(hái)**骨归卒伍**。"项王**许**之。行未至彭城，**疽**(jū)**发背而死**。

2. 实词

（1）汉之三年：刘邦当汉王的第三年。
（2）侵：侵犯，侵占。
（3）乏：缺少。
（4）割：分割，划分。
（5）易与：容易对付。与，对付。
（6）取：攻下，夺取。
（7）急：快，急速。
（8）患：担忧，忧虑。

(9) 太牢具：牛羊猪三牲皆备的饭食，为古代待客最高的礼数。具，原指盛放食品的器具，后来用来指食物。

(10) 详：通"佯"，假装。

(11) 恶食：粗劣的饭食。恶，不好，坏。

(12) 食：拿食物给人或牲畜吃，给……吃、喂养。后作"饲"。

(13) 有私：有私交。

(14) 自为之：亲自去做。为，干，做。

(15) 赐骸骨：意思是乞身告老。古代官员请求退休的委婉说法。

(16) 归卒伍：意思是回乡为民。古时户籍以五户为伍，三百家为卒。"卒伍"，指乡里。

(17) 许：答应，允许。

(18) 疽：中医指局部皮肤肿胀坚硬而皮色不变的毒疮（chuāng）。

3. 虚词

(1) 乃反：竟然，反而。乃，却，竟然。反，反而。

(2) 稍：逐渐，慢慢地。

4. 句式及语法积累

省略句	"使者归报项王"应为"使者归（以之）报项王" "疽发背而死"应为"疽发（于）背而死"

5. 古代文化常识积累

古代的肉	在古代，不仅人分贵贱，肉也有等级贵贱之分，区别主要体现在日常饮食和祭祀中。古代人食用的肉的种类主要是六种，即"六牲"。"六牲"有两种说法。第一种是牛、羊、豕（shǐ，猪）、犬、雁、鱼。第二种是马、牛、羊、豕、犬、鸡。牛、羊肉是贵肉，只能被贵族食用或祭祀使用。例如周礼中只有天子祭祀可以使用太劳礼——"太牢"是指牛、羊、猪三牲组成的祭品
乞骸骨	在封建社会，一旦做官为臣，就要以身许君，自己的身体不属于自己而是属于君主的，年纪大了不能继续为君效力，就请求君主赐还自己的残躯，以归葬故里，故把请求退休叫作乞骸骨，也叫乞身

续表

疽	古代医疗水平有限，疽这种疾病致死率很高，例如著名诗人孟浩然在政治上备受打击，心情郁结，患背疽，在襄阳养病，快痊愈时因见到老友纵情宴饮，吃海鲜导致病发身亡

6. 原文翻译

汉三年（前204年），项王屡次侵扰汉军的甬道夺取粮食，汉王缺少粮食，感到害怕，请求和解，要求把荥阳以西割让给汉国。项王想要答应这个条件。历阳侯范增说："汉军很容易对付了，现在放弃而不获取，以后一定会后悔。"项王就和范增猛攻荥阳。汉王为此担忧，就采用陈平的计策离间项王君臣。项王的使者到来，为他准备丰盛的饭食，准备好将要进献。送饭食的人看到使者，假装惊讶地说："我以为是亚父的使者，竟然是项王的使者！"他就把饭食撤下去，换上粗劣的饭食给项王的使者吃。使者回来报告项王，项王于是怀疑范增与汉军私下勾结，逐渐剥夺了他的权力。范增十分生气，说："天下的形势已经确定了，请君王好自为之。请求准许我告老还乡。"项王答应了。范增还没有走到彭城，就因背上长毒疮而死去。

课堂笔记

1. 原文

汉之三年，项王数(shuò)**侵**夺汉甬道，汉王食**乏**，恐，请和，**割**荥阳以西为汉。项王欲听之。历阳侯范增曰："汉**易与**耳，今释弗**取**，后必悔之。"项王乃与范增**急**围荥阳。汉王**患**之，乃用陈平计间项王。项王使者来，为**太牢具**，举欲进之。见使者，**详**(yáng)惊愕曰："吾以为亚父使者，**乃反**项王使者。"**更**(gèng)持去，以**恶食食**(sì)项王使者。**使者归报项王**，项王乃疑范增与汉**有私**，**稍**夺之权。范增大怒，曰："天下事大定矣，君王**自为之**。愿**赐骸**(hái)**骨归卒伍**。"项王**许**之。行未至彭城，**疽**(jū)**发背而死**。

2. 笔记

◆ **汉之三年**，项王数**侵**夺汉甬道，

笔记区	汉之三年：
	侵：
	◆ 汉王食乏，恐，请和，割荥阳以西为汉。
	乏：
	割：
	◆ 项王欲听之。历阳侯范增曰："汉易与耳，今释弗取，后必悔之。"
	易与：
	取：
	◆ 项王乃与范增急围荥阳。
	急：
	◆ 汉王患之，乃用陈平计间项王。
	患：
	◆ 项王使者来，为太牢具，举欲进之。
	太牢具：
	◆ 见使者，详惊愕曰："吾以为亚父使者，乃反项王使者。"
	详：
	乃反：
	◆ 更持去，以恶食食项王使者。
	恶食：
	食：
	◆ 使者归报项王，项王乃疑范增与汉有私，稍夺之权。
	使者归报项王：

笔记区	有私：
	稍：
	◆ 范增大怒，曰："天下事大定矣，君王自为之。愿赐骸骨归卒伍。"
	自为之：
	赐骸骨：
	归卒伍：
	◆ 项王许之。行未至彭城，疽发背而死。
	许：
	疽发背而死：

课后练习

❶ 当刘邦再次求和时，项羽仍然想要接受刘邦的求和，这反映了项羽性格中的什么特征？

　　A．优柔寡断，谋虑不足，对敌人缺乏真正的了解

　　B．心性善良，爱好和平，对敌人以春天般的温暖

❷ 陈平离间计的结果是：

　　A．大获成功，最终导致楚国一方最得力的谋士范增离开项羽，范增的离开基本注定了项羽灭亡的结局

　　B．没有成功，没有消灭项羽一方的有生力量

第三十五课

四面楚歌

课前介绍

汉二年（前205年），刘邦趁项羽主力被牵制在齐地的机会，亲率五十六万大军突袭西楚，一度攻占楚都彭城，却被项羽率领三万军队回援击败。汉三年冬，楚军切断荥阳与刘邦后方的联系，导致刘邦断粮，之后将刘邦围困于荥阳。刘邦于是派人向项羽求和，许诺割让荥阳以东，范增则建议项羽趁机消灭刘邦，于是项羽再度猛攻荥阳，刘邦则采纳陈平的离间计，导致项羽的主要谋士范增出走，并死于途中。项羽虽然想要继续一举消灭刘邦，但刘邦选择避而不战，而刘邦一方的彭越、灌婴等人却在楚地后方攻打下邳，再度威胁到了楚都彭城，无奈之下项羽只得率军回援彭城。而刘邦则趁机收复成皋，逐渐完成了对项羽的战略包围。

精读精讲

1. 原文

汉五年，汉王乃**追**项王至**阳夏**（jiǎ）南，**止**军，与淮阴侯韩信、建成侯彭越**期会**而击楚军。至**固陵**，而信、越之兵不会。楚击汉军，大破之。汉王复入**壁**，**深堑**（qiàn）而自守。项王军壁**垓**（gāi）**下**，兵少食尽，汉军及诸侯兵围之**数重**。**夜**闻汉军四面皆**楚歌**，项王乃大惊曰："汉皆已得楚乎？是何楚人之多也！"项王则夜起，**饮帐中**。有美人名虞，常幸从；骏马名骓（zhuī），常骑之。于是项王乃悲歌**慷慨**，自为诗曰："力拔山**兮**气盖世，时不利兮骓不**逝**。骓不逝兮可**奈何**，虞兮虞兮**奈若何**！"歌数**阕**（què），美人**和**（hè）之。项王**泣**数行下，左右皆**泣**，莫能**仰**视。

2. 实词

(1) 追：追赶。

(2) 阳夏：秦县名，县治在今河南省太康。

(3) 止：使动用法，使……停止。

(4) 期：约会，约定。
(5) 会：会合。
(6) 固陵：秦县名，在今河南省太康南。
(7) 壁：①（汉王复入壁）名词，军营。
②（项王军壁垓下）名词作动词，筑营垒驻守。
(8) 深堑：挖深壕沟。深，形容词作动词，挖深。堑，作战时防御用的壕沟。
(9) 垓下：古地名，在今安徽省灵璧东南的沱（tuó）河北岸。
(10) 数重：好几层。数，约数。重，层。
(11) 夜：名词作状语，在夜里。
(12) 楚歌：名词作动词，唱起楚地的歌曲。
(13) 慷慨：感叹。
(14) 逝：跑。
(15) 奈何：如何，怎么办。奈，对付、处置。
(16) 奈若何：拿你怎么办。奈……何，对……怎么样，怎么对付……
(17) 阕：乐曲每终了一次叫一阕。"数阕"就是几遍。
(18) 和：应和、跟着唱。
(19) 泣：①（项王泣数行下）眼泪。
②（左右皆泣）无声或小声哭泣。
(20) 仰：抬头、脸向上。

3. 虚词

(1) 也：句末语气词，与"何"等词相应，表示疑问或反问语气。

(2) 兮：文言助词，相当于现代的"啊"或"呀"。

4. 句式及语法积累

| 省略句 | "饮帐中"应为"饮（于）帐中" |

5. 古代文化常识积累

楚河汉界	项王乃与汉约，中分天下，割鸿沟以西者为汉，鸿沟而东者为楚
淮阴侯韩信	古代军事思想"兵权谋家"的代表人物，后人奉为"兵仙""神帅"。原项梁、项羽手下，后投靠刘邦。项羽死后，被刘邦解除兵权。与韩信有关的成语达三十多个。例如"妇人之仁"，"明修栈道，暗度陈仓"等
建成侯彭越	刘邦手下，擅长游击，在楚汉对峙时期，不断骚扰楚军后方，断其粮草，后称"彭越挠楚"

楚汉篇

续表

虞	虞姬，是楚汉之争时期西楚霸王项羽的美人，名虞（yú），曾在四面楚歌的困境下一直陪伴在项羽身边。相传虞姬容颜倾城，才艺并重，舞姿美艳，并有"虞美人"之称
骓	乌骓，项羽的坐骑，在项羽时期号称天下第一骏马。史载：古有神马，通体乌黑，四肢修长，筋腱壮实，四蹄雪白，好似云中踏雪，背长腰短而平直，故而名唤踏雪乌骓。史上六大神驹之一
《垓下歌》	力拔山兮气盖世。时不利兮骓不逝。骓不逝兮可奈何！虞兮虞兮奈若何
霸王别姬	后人曾根据《垓下歌》，以及相传是虞姬所作的《和垓下歌》，想象她的结局在项羽大势已去后自刎表示她的忠心。由此流传了一段关于"霸王别姬"的传说，"别"是"诀别"的意思

6. 原文翻译

　　汉五年（前202），汉王追赶项王到阳夏南边，让部队驻扎下来，并和淮阴侯韩信、建成侯彭越约好日期会合，共同攻打楚军。汉军到达固陵，而韩信、彭越的部队没有来会合。楚军攻打汉军，把汉军打得大败。汉王又逃回营垒，掘深壕沟坚守。项王的部队在垓下修筑了营垒，兵少粮尽，汉军及诸侯兵把他团团包围了好几层。深夜，听到汉军在四面唱着楚地的歌，项王大为吃惊，说："难道汉已经完全取得了楚地？怎么楚国人这么多呢？"项王连夜起来，在帐中饮酒。有美人名虞，一直受宠跟在项王身边；有骏马名骓，项王一直骑着。这时候，项王不禁慷慨悲歌，自己作诗吟唱道："力量能拔山啊，英雄气概举世无双，时运不济呀骓马不再往前闯！骓马不往前闯啊可怎么办，虞姬呀虞姬，怎么安排你呀才妥善？"项王唱了几遍，美人虞姬在一旁应和。项王眼泪一道道流下来，左右侍者也都跟着落泪，没有一个人敢抬起头来看他。

课堂笔记

1. 原文

　　汉五年，汉王乃**追**项王至阳夏(jiǎ)南，**止**军，与淮阴侯韩信、建成侯彭越期**会**而击楚军。至固陵，而信、越之兵不会。楚击汉军，大破之。汉王复入**壁**，**深堑**(qiàn)而自守。项王军**壁垓**(gāi)**下**，兵少食尽，汉军及诸侯兵围之**数重**。

夜闻汉军四面皆楚歌，项王乃大惊曰："汉皆已得楚乎？是何楚人之多也！"项王则夜起，饮帐中。有美人名虞，常幸从；骏马名骓(zhuī)，常骑之。于是项王乃悲歌慷慨，自为诗曰："力拔山兮气盖世，时不利兮骓不逝。骓不逝兮可奈何，虞兮虞兮奈若何！"歌数阕(què)，美人和(hè)之。项王泣数行下，左右皆泣，莫能仰视。

2. 笔记

- 汉五年，汉王乃追项王至阳夏南，止军，

  追：

  止：

- 与淮阴侯韩信、建成侯彭越期会而击楚军。至固陵，而信、越之兵不会。

  会：

- 楚击汉军，大破之。汉王复入壁，深堑而自守。

  壁：

  深堑：

- 项王军壁垓下，兵少食尽，汉军及诸侯兵围之数重。

  壁垓下：

  数重：

- 夜闻汉军四面皆楚歌，

  夜：

  楚歌：

- 项王乃大惊曰："汉皆已得楚乎？是何楚人之多也！"

  也：

续表

	◆ 项王则夜起，饮帐中。
	饮帐中：
	◆ 于是项王乃悲歌慷慨，自为诗曰："力拔山兮气盖世，时不利兮骓不逝。
笔	慷慨：
	兮：
	◆ 骓不逝兮可奈何，虞兮虞兮奈若何！"
记	奈何：
	奈若何：
	◆ 歌数阕，美人和之。
区	阕：
	和：
	◆ 项王泣数行下，左右皆泣，莫能仰视。
	泣（项王泣数行下）：
	泣（左右皆泣）：
	仰：

课后练习

❶ 刘邦与韩信、彭越约定共同攻打楚军，结果是：

　　A. 韩信和彭越没有遵守约定，导致刘邦被项羽困在荥阳

　　B. 韩信和彭越遵守约定，但都被项羽打败

❷ "夜闻汉军四面皆楚歌"，这句话什么意思？

　　A. 在夜里听见汉军的四周都是楚人在唱歌

　　B. 在夜里，听到汉军在四面唱着楚地的歌

第三十六课

乌江自刎

课前介绍

从刘邦入关,到鸿门宴,再到楚汉战争开启不到四年,项羽被各路诸侯围困垓下地区,十面埋伏,四面楚歌;我们会发现,整个楚汉战争的过程当中,项羽面对刘邦,在战场上其实很少有败绩。但是在战场之外,不管是识人用人,还是团结其他诸侯,亦或者是整体战略规划,项羽都输得一塌糊涂。历史给了项羽太多次成就霸业的机会,但项羽几乎都没能抓住。我们接下来了解一下楚霸王项羽的最终结局,至此,我们史记课程的《帝王篇》就全部完结,历史上最强大的王朝之一,大汉王朝即将登上舞台。

精读精讲

1. 原文

于是项王乃欲东渡乌江。乌江亭长檥(yǐ)船待,谓项王曰:"江东虽小,地方千里,众数十万人,亦足王也。愿大王急渡。今独臣有船,汉军至,无以渡。"项王笑曰:"天之亡我,我何渡为!且籍与江东子弟八千人渡江而西,今无一人还,纵江东父兄怜而王我,我何面目见之?纵彼不言,籍独不愧于心乎?"乃谓亭长曰:"吾知公长(zhǎng)者。吾骑此马五岁,所当(dāng)无敌,尝一日行千里,不忍杀之,以赐公。"乃令骑(jì)皆下马步行,持短兵接战。独籍所杀汉军数百人。项王身亦被十余创(chuāng)。顾见汉骑司马吕马童,曰:"若非吾故人乎?"马童面之,指王翳(yì)曰:"此项王也。"项王乃曰:"吾闻汉购我头千金,邑万户,吾为若德(wén)。"乃自刎而死。

2. 实词

(1) 东渡乌江：打算从乌江浦（pǔ）向东渡过长江离开。乌江浦，渡口的名字，在今安徽和县东北之长江西岸。

(2) 亭长：秦汉时的乡官。

(3) 檥：通"舣"，船靠岸。

(4) 地方：古今异义词。古义：土地方圆。地，土地。方，方圆，古代称面积的用语。今义：区域。

(5) 急：快、急速。

(6) 何渡为：还渡江干什么。

(7) 西：名词作动词，往西走、向西去。

(8) 怜：爱、怜爱。

(9) 彼：第三人称代词，他、他们。

(10) 谓：告诉，对……说。

(11) 长：恭谨敦厚。

(12) 岁：年。

(13) 当：向着，面对着。

(14) 骑（乃令骑皆下马步行）：骑兵。

(15) 短兵接战：作战时面对面交手搏斗或用短兵器相互厮杀。接战，交战。

(16) 被：受，遭。

(17) 余：整数后不定的零数。

(18) 创：创伤，伤口。

(19) 顾：回头看。

(20) 骑司马：军中官职，掌领骑兵征伐与屯守。

(21) 吕马童：原为项羽旧部，后叛楚归汉，因此称为故人。

(22) 面：面向，面对着。

(23) 指：语（yù），告诉。

(24) 王翳：秦军将领，巨鹿之战和章邯等人投靠项羽。项羽分封为翟（dí）王，在关中作为监视刘邦的一员。在刘邦东出平三秦时王翳投降，归顺刘邦。

(25) 购：悬赏征求，重金收买。

(26) 邑万户：享有万户人的赋税。在汉代，食邑万户或以上，又称万户侯，是侯爵最高的一层，代表者是卫青和霍去病。

(27) 德：恩德，恩惠。

3. 虚词

(1) 于是：在这种情况下。于，介词，在。是，指示代词，此。

(2) 独：①（今独臣有船）唯独、仅仅。②（籍独不愧于心乎）难道。

(3) 且：连词，况且。

4. 句式及语法积累

| 无以 | 固定句式。没有（用来）……汉军至，无以渡 |

续表

何……为	表反问的句式。为，语气词，表示反问或感叹 例句：天之亡我，我何渡为
独……乎 （耶、哉）	固定句式，难道……吗 例句：籍独不愧于心乎
省略句	"以赐公"应为"以（之）赐公" "吾闻汉购我头千金"应为"吾闻汉购我头（以）千金"
判断句	"此项王也。"

5. 古代文化常识积累

秦朝管理制度	皇帝 → 三公九卿制 → 郡县制 → 乡亭制

<table>
<tr><th colspan="3">古代关于年的称呼</th></tr>
<tr><th>称呼</th><th>例句</th><th>释义</th></tr>
<tr><td>年</td><td>海日生残夜，江春入旧年
——唐·王湾《次北固山下》</td><td>夜幕还没有褪尽，旭日已在江上冉冉升起，还在旧年时分，江南已有了春天的气息</td></tr>
<tr><td>岁</td><td>离离原上草，一岁一枯荣
——唐·白居易《赋得古原草送别》</td><td>原野上长满茂盛的青草，每年秋冬枯黄春来草色浓</td></tr>
<tr><td>载</td><td>千载难逢</td><td>一千年也难碰到一次，后比喻机会非常难得</td></tr>
<tr><td>春</td><td>一卧东山三十春，岂知书剑老风尘
——唐·高适《人日寄杜二拾遗》</td><td>曾隐居多年，生活虽困顿，却也闲散自适，哪能想到竟辜负了随身的书剑，老于宦途风尘之中</td></tr>
<tr><td>秋</td><td>一日不见如隔三秋</td><td>一天不见，就好像过了三年。形容思念的心情非常迫切</td></tr>
<tr><td>霜</td><td>客舍并州已十霜，归心日夜忆咸阳
——唐·贾岛（一说刘皂）《渡桑干·客舍并州已十霜》</td><td>离开家乡后客宿在并州这个地方已经有十年，我思归的心日日夜夜在思念着故乡咸阳</td></tr>
</table>

6. 原文翻译

　　于是项王想要向东渡过乌江。乌江亭长将船靠在岸边等待，对项王说："江东虽然很小，但是土地也有方圆千里，民众也有几十万人，足以在那里称王。希望大王赶快渡江。现在只有我这一条船，汉军来到这里，也没有办法渡江。"项王笑着说："上天要我灭亡，我渡江又能怎么样呢！况且我和江东子弟八千人渡江向西进军，现在没有一个人回来，即使江东的父兄可怜我，让我在那里称王，我又有什么脸面去见他们呢？即使他们不说什么，我自己难道心里不愧疚吗？"于是他对亭长说："我知道您是个忠厚的人。我骑这匹马五年了，它所向无敌，曾经一天行进千里，我不忍心杀死它，把它赐给您了。"他命令骑兵都下马步行，手持短兵器迎战。项籍独自杀死汉军几百人。项王自己也受伤十多处。他回头看见汉军的骑司马吕马童，说："你不是我的老朋友吗？"吕马童转过身，指给王翳说："这就是项王。"项王于是说："我听说汉王悬赏用一千金、一万户封邑来得到我的头，我成全你。"于是他自刎而死。

课堂笔记

1. 原文

　　于是项王乃欲**东渡乌江**。乌江**亭长檥**(yǐ)船待，谓项王曰："江东虽小，**地方**千里，众数十万人，亦足王也。愿大王**急**渡。今**独**臣有船，汉军至，**无以**渡。"项王笑曰："天之亡我，我**何渡为**！**且**籍与江东子弟八千人渡江而**西**，今无一人还，纵江东父兄**怜**而王我，我何面目见之？纵**彼**不言，籍**独**不愧于心**乎**？"乃**谓**亭长曰："吾知公**长**(zhǎng)者。吾骑此马五岁，所**当**(dāng)无敌，尝一日行千里，不忍杀之，以赐公。"乃令**骑**(jì)皆下马步行，持**短兵接战**。独籍所杀汉军数百人。项王身亦**被**十余**创**(chuāng)。**顾**见汉**骑司马**吕马童，曰："若非吾故人乎？"马童**面**之，**指**王翳(yì)曰："**此项王也**。"项王乃曰："吾**闻**(wén)汉**购**我头千金，**邑万户**，吾为若**德**。"乃自刎而死。

2. 笔记

笔记区

◆ **于是**项王乃欲**东渡乌江**。

于是：

续表

东渡乌江：

◆ 乌江亭长檥船待，

　亭长：

　檥：

◆ 江东虽小，地方千里，众数十万人，亦足王也。

　地方：

◆ 愿大王急渡。今独臣有船，汉军至，无以渡。"

　急：

　独：

　无以：

◆ 项王笑曰："天之亡我，我何渡为！且籍与江东子弟八千人渡江而西，

　何渡为：

　且：

　西：

◆ 今无一人还，纵江东父兄怜而王我，我何面目见之？

　怜：

◆ 纵彼不言，籍独不愧于心乎？"

　彼：

　独……乎：

◆ 乃谓亭长曰："吾知公长者。

　谓：

笔记区	长：
	◆ 吾骑此马五岁，所当无敌，尝一日行千里，不忍杀之，以赐公。"
	岁：
	当：
	◆ 乃令骑皆下马步行，持短兵接战。独籍所杀汉军数百人。
	骑：
	短兵接战：
	◆ 项王身亦被十余创。
	被：
	余：
	创：
	◆ 顾见汉骑司马吕马童，曰："若非吾故人乎？"
	顾：
	骑司马：
	◆ 马童面之，指王翳曰："此项王也。"
	面：
	指：
	此项王也：
	◆ 项王乃曰："吾闻汉购我头千金，邑万户，吾为若德。"乃自刎而死。
	购：
	邑万户：
	德：

课后练习

1 项羽突围成功了吗？

    A. 成功了

    B. 没有成功

2 霸王项羽是一个什么样的人

    A. 他是无敌的战将，身先士卒，勇猛无双，他拒绝逃回江东，选择和部下一起，坦然面对死亡，死亡时年仅 30 岁。他是我国古代英雄人物的形象之一，深受我国人民的爱戴。但他自身的性格缺陷，让他无法成为一个优秀的领导者，注定了他悲剧的结局。

    B. 项羽是一个懦弱的人，他就应该选择逃回江东，重整旗鼓，东山再起。

答案解析

答案解析

第一课　轩辕黄帝

1. "生而神灵，弱而能言，幼而徇齐，长而敦敏，成而聪明"，传递了黄帝怎样的形象？

　　A．小时候天资聪慧，长大后德行修养好

　　B．从小到大，健康茁壮地成长

答案 A

解析 司马迁虽然是按照年龄从小到大描述黄帝的，但目的不是为了形容黄帝健康成长的，而是要表达黄帝在各个年龄段，都展示出比同龄人更聪明，品德也更好的优点，为后文描述轩辕黄帝的领导才能做铺垫，也只有这样聪明外加品德高尚的人，才够资格做我们华夏民族的共主。

2. "神农氏世衰"的表现是：

　　A．轩辕乃习用干戈

　　B．诸侯相侵伐，暴虐百姓，而神农氏弗能征

答案 B

解析 神农氏世衰的意思是神农氏的后代统治力减弱，减弱的直接表现是：诸侯相侵伐，暴虐百姓，而神农氏弗能征。各个诸侯部落之间相互战争，欺压百姓，当时统治者神农氏却没能力去讨伐这些部落。这时候的神农氏已经对下面的各部落失去影响力了，他说的话没人听，他想要去讨伐又没有能力。

3. 黄帝要统一华夏大地，面对的最大敌人是？

　　A．炎帝和蚩尤　　　　　　　　B．其他诸侯部落

答案 A

解析 黄帝要统一华夏大地，面临的最大敌人，就是当时最强大的几个部落，而当时强大的部落除了黄帝之外，就剩下蚩尤和炎帝，其他的小部落大多数都已经选择归顺了黄帝部落。

第二课　战炎帝擒蚩尤

1. 在征讨炎帝和蚩尤之前，轩辕黄帝做了什么？

　　A．什么也没有做

　　B．从军队、粮草、民心、侦察、盟友等方面进行了充分的战前准备

答案 B

解析 我们从史记原文可知，轩辕黄帝是一个智勇双全的人，他从不打无准备之仗。他在战争开启前，会全方位地从军队训练、粮草储备、稳定民心、地形侦察、盟友力量整合等，进行战前准备工作。

2. 黄帝和蚩尤之间的战役叫什么？

　　A．阪泉之战　　　　　　　　　B．涿鹿之战

答案 B

解析 轩辕黄帝在阪泉之战中打败炎帝部落之后,又在涿鹿之战中打败蚩尤部落,完成了华夏民族的统一。

3. 黄帝当上部落联盟首领之后,他做了什么?
   A. 开拓疆土,平定四方,几乎没有停歇
   B. 居住在国都,休养生息

   答案 A

   解析 轩辕黄帝统一各大部落之后,他几乎没有任何停歇,就开始进行疆土开拓、文化整合、民族融合等,在短短数年间把华夏民族的版图开拓到了东至泰山,西到崆峒,南临长江,北至匈奴地界。从文化、地域、精神等方面奠定了华夏民族的文明内核。

第三课 黄帝开疆拓土

1. "三山五岳"中的三山指的是哪三座山?
   A. 安徽黄山、江西庐山、浙江雁荡山
   B. 泰山、华山和衡山

   答案 A

   解析 三山五岳是中华民族的摇篮,是华夏祖先最早定居的地方,三山指的是:安徽黄山、江西庐山、浙江雁荡山,五岳指泰山、华山、衡山、嵩山、恒山。

2. 上古时期,华夏大地大多数地方都是人口稀少,道路崎岖,交通不便,远行非常困难。在那么艰苦的环境下,轩辕黄帝为什么还要在东南西北四个方向去那么远的地方?
   A. 为华夏部落开拓更多的疆土,让炎黄子孙有更多的生存空间
   B. 为了彰显自己的功绩,让后世的人们记住他的丰功伟绩

   答案 A

   解析 轩辕黄帝的行为和品德都证明了他无愧于中华人文始祖的称号,他所有的付出和努力,目的都是为了让华夏部落开拓更多的疆土,让炎黄子孙有更多的生存空间。因为他的这些行为,后世的人们才会永远记住他的功绩。如果他只是好大喜功,在乎虚名,他也无法做到这样的丰功伟绩。

3. 轩辕黄帝除了开拓疆土之外,还做了什么?
   A. 确立了天子天下共主的神圣地位,初步建立了巡访、检察等管理机制
   B. 什么也没有做

   答案 A

   解析 轩辕黄帝的功绩是全方位的,他在国家统一、领土开拓、民族文化、管理体制、科学发明等方面都为中华文明做出了卓越的贡献。

答案解析

第四课　黄帝封禅

1. 轩辕黄帝泰山封禅的前提是什么？

　　A. 万国和，天下安康

　　B. 不需要任何前提

答案 A

解析 原文里说过，封禅的前提是万国和、国泰民安、天下太平、没有战争天灾等，所以这里正确答案是选项 A。

2. 我们应该学习黄帝的什么精神？

　　A. 少时聪明，长大孔武有力

　　B. 功在百姓，功在国家，功在文明教化

答案 B

解析 今天我们尊称轩辕黄帝为中华人文始祖，功在千秋万代。他为了老百姓能安居乐业，自己却居无定所，四处奔波。他一心想要国家强盛，统一天下，改善民生。他鼓励人们发明文字、数学、音乐，在衣食住行领域创新，大幅提升老百姓的教养和文化水平。所以，我们要学习的是他的为国为民奉献的精神和家国天下的情怀！正确答案是 B。

第五课　帝尧寻找继位者

1. 帝尧为什么事情苦恼？

　　A. 他一心为公，造福天下，晚年却找不到可以继承自己事业的人

　　B. 他为自己儿子丹朱的顽劣而苦恼

答案 A

解析 文章第一句就直指主题：尧曰："谁可顺此事？"帝尧说："谁可以继承我的这个事业？"所以他在为寻找合适的继承人这件事而苦恼，因此答案是 A。

2. 通过本课的学习，我们了解到帝尧是怎样一个人？

　　A. 大公无私，有识人之明，用人之道

　　B. 他明知鲧不能用，却仍任命其负责治水，昏庸无能

答案 A

解析 在古时候，大多数帝王，他们都会把自己的王位传给嫡系儿子，但帝尧在选择继承人时，第一时间就否定了自己的亲儿子，认为他不适合继承王位，这体现了他大公无私、心系天下的胸怀。对于部下推荐的每一个人，他又能指出这些人的优缺点，证明他有识人之明。而即使对于不合适的人，他在权衡利弊之后也会继续使用，这又体现了他的用人之道和平衡之术。因此答案是 A。

第六课　舜被推举

1. 寻找继承人未果，帝尧决定：
   A. 从大臣四岳中选择合适之人
   B. 扩大选人的范围，继续寻找

   答案 B

   解析 帝尧问四岳："你们谁能顺应天命，接替我的帝位？"四岳都说："我们的德行不配登上帝位。"帝尧说："那就从所有同姓异姓远近大臣及隐居者当中推举吧。"所以，答案选 B，帝尧决定扩大选人范围，继续寻找。

2. 舜被推荐的原因是：
   A. 他德行美好，素有孝名
   B. 他出身高贵，声名远扬

   答案 A

   解析 从原文中可知，舜虽然是轩辕黄帝八世孙，然而他这一脉从曾祖的祖父开始就是普通的庶民，和其他被推荐人比起来，他的出身非常普通。而群臣一致推举他的理由是：素有孝名、德行美好！所以，答案选 A。

3. 帝尧为考验舜，总共设置了几道测试？
   A. 三年时间，舜通过了五道测试，继承了帝位
   B. 帝尧设置了无数道难题，舜都很好地解决了

   答案 A

   解析 帝尧为考验舜，在三年时间内，总共设置了五关测试：第一关协调家庭，第二关伦常教育，第三关管理百官，第四关处理外交，第五关应对突发状况，舜都能周密处理，从容应对，帝尧就把帝位传给了他。所以，答案选 A。

第七课　以孝闻名的舜

1. 面对着来自父亲和弟弟的恶意，舜是怎么应对的？
   A. 以德报怨，以孝为先　　　　B. 心生怨恨

   答案 A

   解析 在原文中我们得知，舜的父亲和弟弟多次想要用险恶的手段杀死他，但他还是会继续侍奉自己的父亲，对于弟弟也更加友爱。可见舜是以德报怨，以孝为先，虽然我们今天不提倡愚孝这种行为，但在古代提倡的是百善孝为先，舜的这种行为在当时是被广泛流传的。所以答案选择 A。

2. 本课中，舜的父亲几次想要杀舜？
   A. 一次　　　　　　　　　　　B. 两次

答案 B

解析 在原文中我们知道，舜的父亲第一次试图点燃粮仓烧死舜，第二次试图用土把舜埋在井里杀死。所以答案应该选择 B。

3. 你觉得舜是怎么的一个人？
   A. 愚忠愚孝，不知道变通
   B. 才智过人，胸襟广阔

   答案 B

   解析 舜的家人对他很恶劣，他也知道父亲总是想要杀死自己，但是他自己每次都能够化险为夷，这表明他是很有才华的。而对于自己的父亲、后母和弟弟，他以德报怨，对于他们的恶劣行径并不计较，以孝为先。所以他是一个才智过人、胸襟广阔的人。这里选择 B。

第八课　治水无功的鲧

1. 舜流放了鲧之后，为什么要选择鲧的儿子禹去治水？
   A. 鲧治水不力，他的过失就让他的儿子去弥补
   B. 舜任用贤能，禹是治水的人才，父亲的过失并不影响舜对人才的选拔

   答案 B

   解析 舜问四位大臣，四位大臣都推荐让大禹来治水。大禹被推荐也是因为他有治水的才能，被大家认可。舜也非常认可大禹的治水才能，坚持让他去治水。答案选 B。

2. 从文章中可知，让禹去治水：
   A. 得到众人的期待认可　　　　　　B. 不被大家认可

   答案 A

   解析 在本课讲解中我们得知，大禹是被众臣推荐的，同时是帝舜认可的。大禹想要推辞，帝舜命令他还是努力做好治水这件事。所以可以看到，大家对于大禹都是充满期待的，也是认可他的。答案选 A。

第九课　大禹治水

1. 为什么大禹治水十三年间，三过家门不入？
   A. 大水泛滥，他每次过家门都无法进到家中
   B. 治水任务艰巨，他必须向人们传递出自己治水的决心

   答案 B

   解析 大禹治水十三年，三过家门而不入，我们知道大禹在治水的十三年中，首先治水的任务非常艰巨，因为他的父亲鲧是治水失败受诛的，那大禹心里就一直记着这件事，觉得治水的重任没有完成他就不能回家，所以一方面他给自己定了一个决心，另

外他希望把这个决心传递给天下人。所以答案选 B。

2. 大禹治水和父亲鲧治水的不同之处是：
   A. 鲧的治水策略是以堵为主，而禹的策略则以疏通为主
   B. 大禹工作勤劳，而鲧懒惰不作为

   答案 A

   解析 那我们在课文中学习的时候对比过，大禹的父亲鲧治水失败的主要原因是以堵为主，但是大禹原创了沟洫系统，以疏为主。在这样不同的策略下，鲧治水失败，而禹治水成功。

第十课　舜禹禅让

1. 大禹治水成功带来了什么好处？
   A. 天下一统，欣欣向荣
   B. 水患结束了，但民生仍然非常艰难

   答案 A

   解析 大禹治水成功带来了什么好处？一般治水成功之后并不代表生活就会变好，但是大禹治水不一样，他治水成功之后并没有停止努力，而是带领全天下的人民去恢复生产秩序，并且合理引导分配粮食、居所，让大家共同渡过难关，所以最后的结果是天下一统，欣欣向荣。所以这道题目应该选 A。

2. 舜把帝位传给了谁？
   A. 大禹　　　　　　　　　　B. 商钧

   答案 A

   解析 帝舜到底把帝位传给了谁？在原文中我们可以看到，因为大禹有非常大的功绩，所以帝舜就向上天推荐了禹，立禹为自己的继承人，所以从这个角度来讲，舜是把帝位直接传给了大禹，那为什么这里会有商均这个人呢？其实是在帝舜驾崩之后，理应是禹直接继承帝位，但是禹推辞了，他让位给商均，让商均继承了帝位，但是最后各个诸侯还是去朝拜大禹，大禹最终才继承了帝位，所以中间有这么一段小波折，但是回到题目本身，我们的答案只能选择 A。

第十一课　夏启即位

1. 大禹最后想要把自己的帝位传给谁？
   A. 他的儿子启　　　　　　　B. 他的大臣益

   答案 B

   解析 我们在学习课文的时候就会发现，大禹想将他的帝位禅让给皋陶，但是皋陶已经去世了，皋陶去世之后，他又将帝位禅让给了自己的大臣益。那为什么会出现自己

的儿子启即位的事情呢？其实是大臣益又将帝位转让给了大禹的儿子启，所以这个题目问的是大禹将帝位给了谁，那我们一定要选择他的大臣益，所以我们选择 B 选项。

2. 天下人为什么不愿意益成为天子？

    A. 大禹治水成功之后的声望和统治基础空前强盛，人们希望有大禹血统的人继承王位

    B. 益倒行逆施，德行不足以成为帝王人选

    【答案】A

    【解析】在原文中可以发现，大禹将帝位禅让给了自己的大臣益，益又将帝位让给了大禹的儿子启，最后天下人却拥护了启，没有去拥护大臣益，到底是为什么？其实并不是大臣益德行或者才能不行，其实是因为他辅佐大禹的时间比较短，全天下还没有达到归顺他的程度。再加上大禹的功绩非常大，首先治水成功，然后掌管天下的时候，天下国泰民安，经济得到了前所未有的发展，所以大家对大禹的拥护达到了前所未有的程度，所以当大禹去世之后，民心所向，希望有他血统的人来继承帝位，成为自己的君王。但这个事件也宣告了禅让制的终结，世袭制成了后世君王选拔的主流。所以正确答案是 A。

第十二课 网开一面

1. 关于伊尹如何成为成汤的大臣，司马迁给出了几种说法？

    A. 一种说法，文章没能展现伊尹的才能品行

    B. 两种说法，且两种说法都支持伊尹是一个才能出众的人

    【答案】B

    【解析】原文中司马迁描述了两种关于伊尹的说法，第一种是他主动想办法去接近成汤，第二中则是成汤派人去请他出山，因为他是一个隐士。不管是哪种说法，都说明伊尹才智过人，所以这道题目应该选择 B。

2. "乃去其三面"展示了成汤什么治政特点？

    A. 可持续发展的理念

    B. 粗暴干涉民间生活

    【答案】A

    【解析】原文中说"乃去其三面"，其实意思是说这个人张了四面网，成汤去掉了其中的三面网，叫网开一面，意思是不要把所有的禽兽都捕尽了，我们要可持续发展，你要是完全捕尽了，以后不就没有了吗？所以从这个角度可以看出来成汤有一个非常朴素的可持续发展理念，所以在这里我们选择 A。

第十三课　商汤灭夏

1. 成汤为什么要推翻夏桀的统治?

　　A. 成汤想要自己当天子

　　B. 夏桀犯下很多罪行，导致民不聊生，必须有人起来推翻他的统治

　　答案 B

　　解析 成汤为什么要推翻夏桀的统治呢？我们一般会认为他自己想当天子了，但如果我们读过课文就会发现，成汤在出征之前有一个誓师大会，在大会上成汤就讲到了夏桀的很多暴行，其实大家已经对他非常不满意了，那么推翻他是上天的旨意，成汤去是执行天意罢了，是顺应天道，所以这道题选择 B。

2. 成汤在讨伐夏桀前，做了什么?

　　A. 什么都没做，直接起兵讨伐

　　B. 进行了誓师大会，明确了战争的正义性和必要性，统一了思想

　　答案 B

　　解析 成汤在讨伐夏桀之前首先是做了誓师大会这件事情，这件事情是为了告诉大家：我们的战争是有正义性的，是顺应天道的，同时也是为了鼓舞大家士气。所以这道题目我们不能选 A，正确答案是 B。

3. 为什么文章只用了一句话描述夏桀败亡的过程?

　　A. 司马迁在前文已经做了足够的铺垫：夏桀残暴不得人心，成汤贤明且准备充分，夏桀灭亡已经不可避免

　　B. 作者词穷墨尽，这里不知道该如何下笔

　　答案 A

　　解析 为什么司马迁只用一句话来描述夏桀败亡的过程呢，是因为他在前面已经做了很多的铺垫，比如夏桀非常残暴，不得人心，大家都希望夏桀灭亡，甚至还想和他一起灭亡。那同时司马迁也描述了成汤非常贤明，准备非常的充分，所以说夏桀的灭亡已经不可避免了。所以这道题目的正确答案选择 A。

第十四课　文王被囚

1. 在古代，如果一家有兄弟五人，则应称之为"叔"的有几人?

　　A. 1人　　　　　　　　　　　　B. 2人

　　答案 B

　　解析 在本课我们学到了关于排行的知识，排行分为伯、仲、叔、季，那我们一定要注意，伯、仲、季都只能有一人，伯是老大，仲是老二，季是最小的那一位。但是叔可以不止一位，那想想如果一家有五个兄弟，那伯和仲是两个人，季是最小的一位，这就是三个人了，那还剩下两位都会被称为叔，他们分别是家里排行老三和老四的两位。所以正确答案

是 B。

2. 西伯被囚的原因是：

   A. 崇侯虎谮（zèn）西伯于殷纣曰："西伯积善累德，诸侯皆向之，将不利于帝。"

   B. 西伯要起兵讨伐纣王

   答案 A

   解析 西伯被囚是因为太优秀了，积善累德，并不是因为他要起兵讨伐纣王，所以呢有一个叫崇侯虎的人就谮言说西伯这个人太积善累德，以后对帝王您是不利的，而纣王又听信了谗言，所以就把西伯给囚禁了。所以正确答案我们选择 A。

3. 纣王为什么释放了西伯？

   A. 因为西伯的部下给纣王送了很多贵重的礼物

   B. 因为商纣王自我反省了一下，觉得自己做错了

   答案 A

   解析 纣王为什么又释放了西伯呢？那当然是西伯的部下给纣王送了很多贵重的礼物，这里边还包含了有莘氏的美女。纣王非常高兴，他觉得这些礼物中的任何一件足以释放西伯。纣王在释放西伯的同时还把自己的军政大权也交给了西伯，这也为后面西伯讨伐纣王奠定了很强的军事基础。所以正确答案为 A。

第十五课　武王伐纣

1. 周文王传位给：

   A. 姬发　　　　　　　　B. 周公旦

   答案 A

   解析 周文王传位的时候，把自己的帝位传给了他嫡子中的老二，也就是姬发，并没有传给周公旦，周公旦也是他的嫡子里边非常有才华和贤能的一位。

2. 比干谏言纣王的结局是：

   A. 他逃亡到了周国　　　　B. 他被纣王剖心而死

   答案 B

   解析 比干谏言纣王的结果是非常惨的，他并没有逃亡到周国，相反他是被纣王剖心而死，所以这道题目的答案我们选择 B。

3. 周武王和商纣王决战的地点是：

   A. 牧野　　　　　　　　B. 涿鹿

   答案 A

   解析 周武王和商纣王决战的地方是叫牧野，大家注意 B 选项的涿鹿其实是黄帝战争的地方，所以答案选择 A。

第十六课　年少即位

1. 秦始皇是谁的儿子？

　　A．秦庄襄王　　　　　　　　　　B．秦孝文王

答案 A

解析 秦始皇到底是谁的儿子呢？这里有 A、B 两个选项，从文章中我们就可以看得出来，秦始皇是秦庄襄王的儿子，那秦孝文王呢其实是秦始皇的祖父。正确答案是 A。

2. 秦国的巴蜀、汉中这些地盘是谁打下了的？

　　A．秦始皇　　　　　　　　　　　B．秦始皇的祖辈

答案 B

解析 秦国当时的疆域包括巴蜀、汉中这些地盘，到底是谁打下来的？A 选项说是秦始皇，B 选项说是秦始皇的祖辈。我们在原文学习中都知道，秦始皇真的是一个锦鲤宝宝，有非常非常好的运气，因为他的祖辈们给他打下了非常大的疆域，他只要去继承就可以了，所以这道题我们选 B，秦始皇的祖辈。

3. 嬴政继位时是几岁？

　　A．18 岁　　　　　　　　　　　　B．13 岁

答案 B

解析 嬴政即位是几岁呢？我们知道嬴政在他父亲秦庄襄王死后就即位了，他的父亲秦庄襄王在位就三年时间，所以嬴政即位的时候还很年幼，只有 13 岁，所以答案我们选择 B。

第十七课　收回权力

1. 结合前面的课程，你认为封嫪毐为长信侯是谁的意见？

　　A．秦王嬴政　　　　　　　　　　B．赵太后和吕不韦

答案 B

解析 通过前面课程的内容我们会发现，嫪（lào）毐（ǎi）能够成为长信侯，首先他是吕不韦的门客，在吕不韦的引荐下，他又认识了赵太后，深得赵太后的信任，被推举为长信侯。而这一切跟秦王嬴政没有关系，所以这道题目我们选择 B。

2. 嬴政清除嫪毐势力的策略是：

　　A．雷厉风行，命令部下向嫪毐发起攻击

　　B．耐心等待机会，即位 9 年后，终于等到嫪毐叛乱，可以名正言顺地清除嫪毐势力

答案 B

解析 秦王嬴政清除嫪毐及他的势力，是他耐心等待机会，在自己即位 9 年之后，终于等到嫪毐叛乱，借此机会名正言顺地清除了嫪毐及他的势力，所以这道题目选择 B。

3. 嬴政罢黜吕不韦的理由是：

   A. 嫪毐原为吕不韦的门客，吕不韦受到嫪毐的牵连
   B. 吕不韦参与了嫪毐的叛乱

   答案 A

   解析 吕不韦的遭遇是这样的，嫪毐叛乱的时候，嬴政派吕不韦去镇压嫪毐，当嫪毐以及自己的势力被清除的时候，吕不韦又被牵连定罪，所以吕不韦属于被自己的门客嫪毐牵连，正确答案选择 A。

第十八课　金钱连横

1. 大梁人尉缭的担忧是什么？

   A. 担心其他六国联合起来，一起对付强大的秦国
   B. 担心秦国联合其他强国，一起消灭另外的弱国

   答案 A

   解析 咱们通过原文就可以发现，尉缭这个人其实非常有长远的眼光，虽然秦国当时的疆域非常大，也是最强的国家，但是尉缭说了，我们要看一看历史上的经验教训，很多强国都是被弱国联合起来合作灭掉，所以这个时候他就建议秦始皇一定小心其他小国联合起来对付自己，所以正确答案选择 A。

2. 尉缭认为嬴政是怎样的人？

   A. 野心狠毒，利益至上，不能长期交往
   B. 礼贤下士，宽待容人

   答案 A

   解析 从课文中我们可以知道，尉缭对于秦王，通过他的长相以及他的一些做事进行了一些判断，而且他整个得出的结论并不是非常的好，他认为秦王嬴政在他还没有得志的时候他可能会礼贤下士，但一旦他得志了，会变得暴虐无度，所以中间他一度想逃离，只不过秦王嬴政把他挽留了下来，所以这道题目正确答案选择 A。

第十九课　统一大业

1. 秦国消灭的第一个国家是：

   A. 韩国　　　　　　　　　　B. 赵国

   答案 A

   解析 秦国灭掉的第一个国家是谁呢？首先我们要知道秦国当时的策略，他制定了笼络燕齐、稳住魏楚、消灭韩赵、远交近攻，各个击破的统一策略。那韩国和赵国都是和秦国相邻的国家，但是赵国的实力和国土面积都比韩国强，所以秦国选择消灭的第一个国家就是韩国。

2. 秦国消灭的最后一个国家是：

A. 楚国　　　　　　　　　　　　B. 齐国

答案 B

解析 那秦国灭掉的最后一个国家又是谁呢？秦国灭六国的顺序分别是韩、赵、魏、楚、燕、齐，基本就是按照由近及远，由弱到强这样一个顺序进行的。统一之前齐国和秦国之间还隔着赵、魏两个国家。秦国灭掉赵国和魏国之后还需要先稳定当地的形势，然后才能以赵国和魏国的国土为前沿对齐国展开进攻。另外一方面，齐国位于今天的山东半岛，历史悠久，文化繁荣，物产丰富，是当时战国七雄里经济实力最雄厚的国家，把实力最强的留到最后再收拾，是非常正确的决策。

第二十课　皇帝称号

1. 王绾、冯劫、李斯为什么建议嬴政叫"泰皇"？

A. 因为"泰皇"听着和我们的泰山一样霸气

B. 因为古时候有"天皇、地皇、泰皇"，其中泰皇最尊贵

答案 B

解析 上古时期，有"天皇、地皇、泰皇"这三皇，是自古以来人类最伟大三位先贤，其中泰皇最尊贵。李斯等人认为嬴政的丰功伟绩足以比肩人类有史以来最伟大的先祖，因此建议用泰皇的称号。所以这道题答案选择B。

2. "皇帝"这个称号的由来是：

A. 上古时期帝王的称号，秦始皇之前已经存在

B. 秦始皇取"三皇"的皇和"五帝"的帝组成帝王的新称号，表示自己的功绩超越古时的三皇五帝

答案 B

解析 虽然李斯等大臣认为嬴政的伟大足以比肩人类有史以来最伟大的先祖，但秦始皇本人显然不这样认为，他认为自己的丰功伟绩是远远超过了"三皇五帝"这些伟大先贤的，因此，他取"三皇"的皇和"五帝"的帝组合成帝王的新称号，表示自己的功绩超越古代的三皇五帝。

第二十一课　统治之策

1. 秦始皇把收缴上来的兵器怎么处理的？

A. 集中在咸阳销毁了

B. 熔化后制作成编钟和铜人

答案 B

解析 《史记》原文中写道："收天下兵，聚之咸阳，销以为钟鐻，金人十二，重各千石，

置廷宫中。"意思就是收缴天下兵器，集中于首都咸阳加以销毁，铸造成钟鐻和十二个各重千石（dàn）的大铜人（古时候，一石约29.95千克），置于宫廷之中。因此这些兵器被熔化后制作成了编钟和铜人。正确答案选择B。

2. 秦始皇的统治政策可以概括为：

　　A. 对内镇压叛乱，对外和亲求和

　　B. 对内加强集权，维护统一；对外扩展疆土，抵御外敌

答案 B

解析 秦始皇从政治、文化、军事等方面，实行了一系列极具远见性的政策，这些政策长久地影响了华夏民族的政治生态和文化传承，他对内加强中央集权统治，统一文字和度量衡等，维护了中华民族的同文同种、国家统一。对外修建万里长城，抵御北方匈奴的威胁，同时不断扩展疆土，扩大中华民族的生存空间。所以，我们称秦始皇为"千古一帝"，就是因为他对我们整个民族的贡献实在是太大了。所以这道题选择B。

第二十二课　巡游立碑

1. 秦始皇是哪一年开始巡游天下的？

　　A. 统一六国前就开始了

　　B. 公元前220年，即秦始皇统一六国后的第二年

答案 B

解析 始皇帝于公元前221年一统天下。第二年，也就是公元前220年，就开始巡游天下，以图通过宣德扬威，使六国旧民从精神上对其臣服，以达到安定天下，成就万世之业的政治目的。所以这道题我们选B。

2. 秦始皇刻石的主要目的是：

　　A. 记载历史，方便后人考证历史事件

　　B. 宣扬表彰自己的丰功伟绩，宣传大秦帝国的统治思想，以教化天下

答案 B

解析 秦始皇一统天下后，于第二年开始出巡，在其五次出巡中，除第一次出巡陇西等地没有刻石外，其他四次均有刻石铭记大秦功业活动。如《泰山刻石》《琅琊台刻石》《之罘刻石》《东观刻石》《碣石刻石》《会稽刻石》，其内容主要是宣扬表彰自己的丰功伟绩，宣传大秦帝国的统治思想，以教化天下，所以答案是B。

第二十三课　愤怒的皇帝

1. 秦始皇大怒的原因是：

　　A. 侯生和卢生等不仅没有寻到长生不老药，反而卷钱逃跑，还到处制造谣言

B. 大臣们都上书谏言停止炼制长生不老药

答案 A

解析 公元前212年，秦始皇信任的方士侯生和卢生不仅没能帮皇帝找到长生不老药，还在背地里说他坏话后卷钱跑路了。本来方士寻药无果就已经后果很严重了，他们背后还说始皇帝的坏话，因此始皇帝非常生气。这里选A。

2. **秦始皇大怒的结果是：**

    A. 焚书坑儒，四百六十多个方士和儒生被坑杀，太子扶苏进言劝阻后被流放边疆

    B. 读书人敢怒不敢言，儒家思想从此退出历史舞台

答案 A

解析 始皇帝很生气，后果很严重，始皇帝在盛怒之下，将咸阳460余名"妖言惑众"的方士和儒生逮捕，下令坑杀，这就是历史上有名的焚书坑儒事件，这次事件也导致太子扶苏进言劝阻后被流放边疆，为后面的大秦帝国二世而亡埋下了隐患。因此这里选A。

第二十四课　胡亥夺位

1. **秦始皇是因为什么原因死亡的？**

    A. 意外死亡的

    B. 被宦官赵高、左相李斯等人合谋害死的

答案 A

解析 秦始皇的死亡原因至今仍然扑朔迷离，结合已有的历史记载，秦始皇有很大概率是死于突发状况，死于疾病的可能性更大，我们前面的文章中也讲到，始皇帝为了追求长生不老，服用了很多方士炼制的丹药，而古时候所谓的长生丹，主要成分都是铅、汞、硫黄、水银等剧毒物质，这种丹药大量服用，可以让人在短时间内中毒身亡。因此秦始皇因丹药中毒而意外死亡的可能性最大。

2. **历史上著名的"沙丘之变"指的是：**

    A. 秦始皇意外死于沙丘之后，宦官赵高、左相李斯等合谋篡改了始皇的传位诏书，废太子扶苏，改立胡亥为秦二世

    B. 指秦始皇意外死于沙丘之后，宦官赵高、左相李斯等发动政变，推翻了大秦王朝的事件

答案 A

解析 公元前210年，秦始皇生平最后一次出巡，巡游至沙丘这个地方时，意外去世，遗诏令公子扶苏主持葬礼，返都即位。而随从始皇帝出行的李斯、胡亥、赵高等隐瞒秦始皇死讯，处死公子扶苏与大将蒙恬。回到咸阳后，他们拥立公子胡亥为皇帝，就是秦二世，这个事件被称之为"沙丘之变"。所以宦官赵高、左相李斯等人并没有发

动政变，他们篡改了遗书，处死公子扶苏等人的目的是独揽朝政大权，他们并不想推翻大秦的统治，但是沙丘之变的结果是加速了秦王朝的败亡进程。所以这道题目选 A。

第二十五课　少年志气

1. 项羽的字是什么？

　　A. 羽　　　　　　　　　　　　　　　B. 籍

答案 A

解析《史记》原文讲到"项籍者，下项人也，字羽"。这也就是说项羽的名字叫作项籍，"羽"是他的字。所以这道题的答案我们选择 A。

2. 项羽认为"剑一人敌，不足学，学万人敌"，这里的万人敌是指：

　　A. 能一个人打败万人的武功

　　B. 能打败万人的兵法策略

答案 B

解析 原文里说项梁让项羽学习剑法，项羽学了一会儿就不好好学了，项梁很生气。但项羽说剑法只能抵挡一人，不值得学。我要学习对抗万人的本事。对抗万人的本事显然不是一人打败一万人的武功，虽然史书中为了展现项羽威力的勇猛，常把项羽形容成万人敌的猛将。但项羽也是我们普通人，血肉之躯，再怎么厉害也只能打败几十人，上百人就是极限了，要一个人打一万人是完全不可能的。所以这里的"万人敌"指的是能打败一万人的兵法。所以答案我们选择 B。

第二十六课　八千精兵起江东

1. 项羽二十四岁时，遇到的机会是什么？

　　A. 陈胜吴广起义后，全国各地都是反抗暴秦的起义军，此时是起兵灭秦的最好机会。

　　B. 他的叔叔项梁成为楚国的皇帝

答案 A

解析 项羽二十四岁时，底层老百姓因为忍受不了暴秦的统治，在陈胜吴广大泽乡起义之后，大规模的农民起义开始在全国各地爆发。与此同时，原来被秦国灭亡的六国旧贵族，也开始积攒力量，寻找取代大秦王朝的机会。而项羽的叔叔项梁，是原楚国名将项燕的儿子，在楚国故地拥有巨大的名望，项梁很容易就成为楚地起义势力的领袖，而项羽和项梁虽然是叔侄关系，但在长期的逃亡生涯中，他们相依为命，早已胜似父子，而年纪轻轻的项羽也是勇武过人，身先士卒，在起义军中拥有巨大的声望，为未来成为抗秦大军的头号领袖打下了基础。所以本题答案选择 A。

2. 项梁项羽是怎么拿下郡府的?

   A. 动之以情,晓之以理
   B. 大开杀戒,把不服从的全杀了

   答案 B

   解析 会稽郡守殷通想要让项梁和桓楚共同为起兵首领,但项梁其实也早就想要起兵起义,独自成为起义兵的领袖,因此项梁和项羽采取了大开杀戒的方式,把郡守及其支持者全部杀掉,把核心领军职位都换上了来自吴中的亲信,为下一步整合楚地所有的起义势力打好基础。所以这道题目我们选 B。

3. 请结合前后文解释:为什么项梁项羽要杀郡守?

   A. 郡守想要让项梁和桓楚共同为起兵首领,但项梁项羽想要以他们自己为首
   B. 项梁项羽想要起兵反秦,但郡守不同意

   答案 A

   解析 因为郡守虽然和项梁的目的都是起兵反秦,但郡守的领袖人选更倾向于桓楚,当时甚至连桓楚人在哪儿都不知道,希望让项梁和项羽找到恒楚,这说明,在郡守心目中,桓楚的重要性是远大于项梁的,这时候如果留着郡守,未来起义军内部郡守和桓楚一方的实力是要比项梁更大的,这对于野心勃勃,一心想要当起兵领袖的项梁和项羽来说,是不可接受的。所以这道题目我们选 A。

第二十七课 巨鹿之战

1. 项羽为什么要杀宋义?

   A. 为了夺取楚军的领导权,击败秦军
   B. 因为宋义杀害了项梁

   答案 A

   解析 楚怀王是项梁扶持的傀儡皇帝,项梁死后,楚怀王想要扶持宋义起来抗衡项羽。但宋义率兵救援赵国时,害怕秦军的威势,不敢进攻。项羽借此杀掉宋义,夺得楚军的领导权,消除了楚军内部的分裂隐患,为后续巨鹿之战大破秦军奠定了基础。所以答案是 A。

2. 项羽是怎么赢得巨鹿之战的?

   A. 等待援军,以多胜少
   B. 破釜沉舟,只带三日军粮,与秦军决一死战,以少胜多

   答案 B

   解析 楚军只有10万,而秦军有40万大军,且秦军拥有章邯和王离这样的历史名将,而楚军不久前被秦军击败,领袖项梁战死,敌强我弱之势明显。在这种情况下,项羽想要获胜,除了利用秦军轻敌冒进之外,楚军全军也必须要有破釜沉舟,一去不返,

决一死战的勇气。所以答案是 B。

3. **为什么项羽成为各路诸侯的上将军？**

   A. 及楚击秦，诸将皆从壁上观，楚军大破秦军后，诸侯见项羽，人人惴恐，无不膝行而前，莫敢仰视，项羽由是始为诸侯上将军

   B. 楚军破秦军后，顺势消灭了各路诸侯的主力大军，诸侯归降，尊项羽为上将军

   答案 A

   解析 项羽和秦军会战时，其他各路抗秦诸侯，主要是原来六国的残余势力，他们因为害怕秦军，不看好项羽能击败强大的秦军，因此采取的观望的态度。当项羽打破秦军，展示了楚军的强大之后，项羽召见这些诸侯，这些诸侯害怕项羽怪罪他们，因此跪拜项羽，请罪前行，尊项羽为各路诸侯的上将军。所以答案是 A。

第二十八课　项羽之怒

1. **项羽为什么大怒？**

   A. 项羽率军欲进入函谷关，却被刘邦的军队击败

   B. 刘邦竟然敢在自己之前攻入咸阳，这破坏了项羽称王关中的计划

   答案 B

   解析 因为楚怀王曾经有个约定，就是"诸侯先入关中者为王"，而项羽本来的计划是携巨鹿之战消灭秦军主力的余威，直接攻入关中，拿下咸阳，然后做关中王，但刘邦竟然在项羽忙于巨鹿之战之际，借机首先攻入关中，而且在关中快速壮大自己的实力，这种行为显然激怒了项羽，因此正确答案是 B 选项。A 选项中的项羽进入函谷关时，遇到刘邦的军队，因为当时项羽的实力远远强于刘邦，所以轻松地击败了刘邦的守军。

2. **范增向项羽讲述刘邦行为的目的是：**

   A. 刘邦是大才，需要重用

   B. 刘邦志不在小，想要称王关中，此人必是项羽称王天下的心腹大患，要在他还没有发展起来之前消灭之

   答案 B

   解析 刘邦率先攻入关中，并且快速壮大实力的举动让范增看到了刘邦的才能和野心，此时项羽少年英雄，刚刚以少胜多，击败了名将章邯的 40 万秦军，成就了整个战争史上也少有的经典战役。项羽志得意满，会自然而然地轻视天下英雄，范增作为项羽的首席谋士，希望项羽能够重视刘邦的威胁，早日消灭这个潜在的竞争对手。

第二十九课 项伯夜访

1. 项伯夜访张良的原因是：
   A. 向张良告密，说项羽要杀刘邦
   B. 项伯和张良是好友，项伯希望说服张良赶紧离开，防止好友和刘邦一起被项羽杀了

   答案 B

   解析 因为张良曾经救过项伯，所以当项伯知道项羽想要杀刘邦时，首先想到的是说服张良赶紧离开刘邦。所以答案是 B。

2. 张良知道项羽想要杀刘邦后的决定是：
   A. 赶紧告知刘邦，和刘邦一起想办法
   B. 责怪刘邦之前做决定时不过问自己的意见，决定离刘邦而去

   答案 A

   解析 张良从项伯那里知道项羽想要杀刘邦的消息后，赶紧去找沛公，也就是刘邦，一起商议对策，在商议的过程中张良虽然也责备了刘邦在准备不充分的情况下强占关中，导致了现在的被动局面，但自始至终，即使面对强大的对手项羽，张良也没有离开刘邦的想法，反而是从此刻起，张良借着解决刘邦危机的机会，成为刘邦手下第一谋士。这也从侧面说明了刘邦虽然暂时看起来好像比项羽弱小，但在张良这些才能出众的人眼中，刘邦此时已经表现出了很多明君的特质，比起项羽，更值得他们追随。所以答案是 A。

3. 刘邦为什么要像对待兄长一样对待项伯？
   A. 因为项伯年龄较大，刘邦对年龄大的人比较尊敬
   B. 因为刘邦想要让项伯帮忙去游说项羽，希望能让项羽不要杀他

   答案 B

   解析 当张良把项羽要杀刘邦的消息告知时，此时对于刘邦来说，项伯就是那个能救自己一命的唯一人选。因为在项羽阵营里面，以范增为首的很多人都希望项羽杀死刘邦，而项伯因为和张良的好友关系，此时就成为刘邦一方需要尽力争取的对象，希望项伯能帮忙说服项羽不要杀刘邦。所以答案是 B。

第三十课 沛公会项伯

1. 刘邦在请求项伯帮忙之前，是怎么快速地拉近和项伯的关系的？
   A. 刘邦和项伯大谈张良的救命之恩，希望项伯看在张良救命的分上，能够帮助他
   B. 和项伯约定结为儿女亲家

   答案 B

   解析 正确答案是 B，项伯来到刘邦这边的目的是来救张良的，他一开始是没打算救刘邦的。所以刘邦为了拉近和项伯的关系，首先和项伯约定结为儿女亲家，这里的约

定不一定最终会执行，但很容易拉近双方的距离，为后续的进一步沟通打下基础。反之，如果刘邦一开始就提张良对项伯的救命之恩，则很容易引起对方的反感。

2. 项伯成功说服项羽了吗？
   A．成功了，项羽同意不攻打刘邦
   B．没成功，项羽为了不伤项伯的面子，只是假装同意

答案 A

解析 正确答案是 A，项伯成功地说服了项羽，项羽本来是打算第二天就直接攻打刘邦的，但因为项伯的劝说，项羽停止了出兵计划，改为刘邦上门赔罪道歉，于是才有了后续鸿门宴的故事。

第三十一课 项庄舞剑

1. 如何看待项羽出卖曹无伤的操作？
   A．项羽性情直率，不喜欢出卖别人的小人
   B．项羽政治水平低下，今天可以出卖曹无伤，明天就可能会出卖其他人，敌方的将领不敢再投奔他了

答案 B

解析 刘邦向项羽谢罪时，解释说自己绝对没有和项王分庭抗礼的意思，这只是小人的中伤之语。而项羽立即向刘邦解释说，是曹无伤说的。当时曹无伤已经决定要投靠项羽，但因为项羽这一句话，刘邦回到自己大营之后第一时间就杀掉了曹无伤。这里面虽然也有项羽性情直爽，不喜欢出卖别人的小人的因素，但核心还是体现了项羽虽然带兵打仗才能天下无敌，但政治水平却很低下，他出卖曹无伤的行为，直接导致很多敌方阵营的将领再也不敢投奔他了，这也为未来项羽和刘邦争夺天下最终失败埋下了伏笔。所以答案是 B。

2. 鸿门宴中，是谁一直想要杀掉刘邦？
   A．范增   B．项庄

答案 A

解析 范增作为项羽的首席谋士，他是最早发现刘邦野心的人，也是最早劝诫项羽杀掉刘邦的人，在鸿门宴中，范增发现项羽在刘邦道歉赔罪之后，开始优柔寡断，不想杀掉刘邦，在几次示意项羽无效之后，范增决定自己去找项庄执行刺杀刘邦的计划。所以一直想要杀死刘邦的是范增，而项庄是执行范增计划的人。

3. 项庄舞剑，意在沛公的意思是：
   A．项庄的剑舞得很好，他很在意沛公对他剑法的看法
   B．项庄舞剑名为助兴，实际目的是刺杀沛公，常用来形容打着正常的名义，却别有用心，另有所图

答案 B

解析 这道题目问"项庄舞剑，意在沛公"的意思是什么？其实我们知道项庄被请来舞剑是范增请过来的，他想让项庄杀掉刘邦。所以在这里我们明白，项庄的舞剑其实名为助兴，实际的目的呢是想要刺杀沛公的。后来呢我们常用这个来形容打着正常名义，却别有用心，另有所图的情况，那这道题目答案选 B。

第三十二课　樊哙救急

1. 面对樊哙鲁莽无礼的行为，项羽是什么反应？
   A. 项羽欣赏他的勇猛忠心　　　　B. 项羽非常生气

   答案 A

   解析 当项羽知道樊哙是刘邦的参乘时，他很欣赏他的勇猛忠心，赏了一杯酒和一条猪腿。所以答案是 A。

2. 樊哙是一个什么样的人？
   A. 有勇无谋，粗鲁莽撞之人
   B. 有勇有谋，忠勇神武、足智多谋

   答案 B

   解析 樊哙不仅勇武非常，直面霸王项羽，面不改色，还通过极具说服力的语言，让项羽对杀刘邦这件事产生了动摇。甚至可以说，樊哙的一番说辞，才是逆转鸿门宴危机，保住刘邦性命的关键举措。后来樊哙也一直作为刘邦的亲密战友，帮助刘邦夺取天下平定中原，立下汗马功劳。刘邦称帝后，樊哙先后任职左丞相、相国，封舞阳侯等核心职位，可谓位高权重。所以答案是 B。

第三十三课　沛公脱逃

1. "人为刀俎，我为鱼肉"这句话是谁说的？
   A. 项羽　　　　　　　　　　　　B. 樊哙

   答案 B

   解析 鸿门宴中，刘邦借上厕所的机会与樊哙商议如何逃走，刘邦问要不要向项羽告辞一下，樊哙曰："大行不顾细谨，大礼不辞小让。如今人方为刀俎，我为鱼肉，何辞为？"之后演变为成语"人为刀俎，我为鱼肉"。所以，答案为 B。

2. 刘邦从鸿门宴出来后，马上选择了：
   A. 逃回军营　　　　　　　　　　B. 躲进骊山

   答案 A

   解析 刘邦从鸿门宴找理由出来后，担心范增会继续找机会杀掉自己，就直接选择逃回军营，为了加快返回的速度，他选择了走骊山的小道，这样可以节省一半距离。所

文言史记精读精讲　·273·

以他不是躲进了骊山。所以答案是A。

3. 亚父说"竖子不足与谋",这里的竖子指的是谁?

A. 项羽　　　　　　　　　　B. 刘邦

答案 A

解析 这里的"竖子不足与谋",是范增(也就是项羽的亚父)气恨项羽优柔寡断,不听他的进言,斩杀刘邦,以至放虎归山,遗患无穷。"竖子"指的是项羽,答案为A。

第三十四课　离间计

1. 当刘邦再次求和时,项羽仍然想要接受刘邦的求和,这反映了项羽性格中的什么特征?

A. 优柔寡断,谋虑不足,对敌人缺乏真正的了解

B. 心性善良,爱好和平,对敌人以春天般的温暖

答案 A

解析 从鸿门宴上就可以看出,项羽是一个优柔寡断,喜欢别人吹捧自己,又为了面子又很容易被他人利用的人。他对自己人不够尊敬,刚愎自用,对对手缺乏了解,不能发现对手潜在的实力和野心。这些性格特征,注定了他最终失败的命运。所以这里选A。B选项中,项羽作为一个亲自领兵四处征战的将领,肯定不是一个爱好和平的人。

2. 陈平离间计的结果是:

A. 大获成功,最终导致楚国一方最得力的谋士范增离开项羽,范增的离开基本注定了项羽灭亡的结局

B. 没有成功,没有消灭项羽一方的有生力量

答案 A

解析 陈平使用离间计的背景是,刘邦被项羽围在荥阳城,几乎要被项羽消灭,在刘邦生死存亡的危急关头,陈平凭借一己之力,用反间计策离间了项羽和范增的政治联盟,逼得范增愤而出走,病死途中。让项羽彻底失去了唯一能帮助其制定战略方针的人。从此之后,项羽一方昏招迭出,出现多次战略失误,可以说离间计的成功,为刘邦最终消灭项羽势力奠定了坚实的基础。所以选A。

第三十五课　四面楚歌

1. 刘邦与韩信、彭越约定共同攻打楚军,结果是:

A. 韩信和彭越没有遵守约定,导致刘邦被项羽困在荥阳

B. 韩信和彭越遵守约定,但都被项羽打败

答案 A

解析 史记原文写道:"刘邦与淮阴侯韩信、建成侯彭越期会而击楚军。至固陵,而信、越之兵不会。于是楚击汉军,大破之。"意思是:刘邦与韩信、彭越约好共同攻打楚

军。汉军到达固陵，而韩信、彭越的部队没有来会合，导致刘邦被项羽打败，所以这里选A。

2. "夜闻汉军四面皆楚歌"，这句话什么意思？
   A. 在夜里听见汉军的四周都是楚人在唱歌
   B. 在夜里，听到汉军在四面唱着楚地的歌

   答案 A

   解析 四面楚歌是刘邦给项羽的攻心之计：当项羽在夜里听见四面都唱起楚地的民歌，吃惊地问："刘邦已经得到楚地了吗？为什么他的部队里面楚人这么多呢？"他深感大势已去，便从床上爬起来，在营帐里面喝酒解愁。所以，这里是汉军在唱楚地的歌，让项羽误认为汉军中有很多楚人。所以答案是A。

第三十六课　乌江自刎

1. 项羽突围成功了吗？
   A. 成功了　　　　　　　　　　B. 没有成功

   答案 A

   解析 公元前202年，刘邦韩信等人率领三十万汉军联军、将项羽的十万楚军围困在垓下。项羽一方少兵少粮，他只能放弃十万大军，选择率领800精骑发起突围作战。汉军派了五千骑兵追击，最终项羽率领部下杀出一条血路，逃到了乌江边上，此时他身边只剩下28人。此时他已经突围成功，本可以乘船回到楚地，利用他在楚地的巨大声望，重新整顿军队，东山再起，但他想到了当年跟他一起从江东出发的部下，如今只剩下了这点人，他觉得无颜面对江东父老，于是拒绝渡江逃跑，回去和汉军战至无力杀敌后，自杀身亡。这里我们选A，项羽本来是突围成功的，但他最后选择了自杀身亡这个结局。

2. 霸王项羽是一个什么样的人？
   A. 他是无敌的战将，身先士卒，勇猛无双，他拒绝逃回江东，选择和部下一起，坦然面对死亡，死亡时年仅30岁，他是我国古代英雄人物的形象之一，深受我国人民的爱戴。但他自身的性格缺陷，让他无法成为一个优秀的领导者，注定了他悲剧的结局。
   B. 项羽是一个懦弱的人，他就应该选择逃回江东，重整旗鼓，东山再起。

   答案 A

   解析 项羽的失败，除了他自身的性格局限之外，他的年少成名也是因素之一，他20多岁时，就已经是名满天下的无敌战将，他和刘邦之间的战争，可以看作是极致的个人和极致的团队之间的一次较量，刘邦几乎吸纳了天下英才，使出百般计谋，最终将项羽围困在垓下，而项羽仅凭800部下，仍然突破30万大军的包围，如果他返回江东，以他的年龄优势（当时项羽30岁，刘邦55岁）和在楚地的巨大影响力，最终楚汉之

争的结局仍然不好说。但历史没有如果，霸王的悲剧结局对中国本身来说不是坏事，刘邦开启的大汉王朝是我国古代最强大的王朝之一，在治理天下方面，刘邦显然比项羽做得更好。所以答案是 A。